フンザの渓谷。ここがアンズの花で埋まる。僕はまだ見たことがないが

左／フンザの足はスズキと呼ばれるこの車。語源は日本
右／フンザの中心、カリマバード。急な坂の街だ

森の精気が宿る街、チェンマイ。そこにある仏陀。森との相性はいい

チェンマイの街を歩いていると王朝や仏教の遺跡が唐突に現れる

天山南路のポプラ並木。ここがシルクロードだ

フェリーの向こうに香港島。この眺め、僕にとってのアジアです

重慶マンション前の横断歩道。
きっと1000回以上渡っている

ネパールから着た僧侶も重慶マンションに泊まっていた

ナイトマーケットと灯籠流し。バンコクはカラフル？

灯籠が池に浮かぶ。タイ人は「親水の民」……

サマルカンド。歴史といまが共存するシルクロードの街だ

レギスタン広場。いま座っている場所が僕のお気に入りの石段

ルアンパバーンの旧市街。音がない街……。写真からも伝わる？

ルアンパバーンは仏陀が降臨したような街だ

ミャンマーのラーショー。いまは行くことも難しい街になってしまった

わたしの旅ブックス
046

旅する桃源郷

下川裕治

産業編集センター

はじめに

誰にも好きな街がある。国内外は問わず、気に入った街がある。なぜ、その街が好きなのか……と一歩踏み込んで考えてみると、人生とか生き方といったものにかかわっていることは珍しくない。

好きな街というと、景色がみごとだといった視覚の記憶や、食べ物が気に入っているといった味覚など五感に刻まれた印象がまず浮かびあがってくるが、その先には、ひと口でいえないような思いが顔をのぞかせる。

たとえば水……。本書でも水にまつわる桃源郷の話を書かせてもらった。

シルクロード……。そこに流れる壮大な歴史に惹かれて、僕は何回となく訪ねるのだが、そこで水のおいしさに魅了されていく。そしてその味は、僕が育った信州の水につながっていく。そこには桃源郷に辿り着く二段階のステージ、いや三段階のステージがある。

しかし水の味を伝えるのは、なかなか難しい。一杯の水にしても、炎天下を歩き、ようやく家に帰ったときに飲む冷たい水は、どんな料理にも勝る。日頃飲んでいる水が、その瞬間は震えるほど体と心を満たしてくれる。

旅というものには、そんなシチュエーションをつくってくれる因子が含まれている。日暮らしている日常とは違う世界に入り込んでいるわけだから、要領がつかめない。日本ならどこにあるのかがすぐにわかる水がなかなかみつからないこともある。

僕もはじめは、こういったアプローチでシルクロードの水に出合った。シルクロードのエリアの気候は甘くない。冬は氷点下になるほど冷え込むのに、夏になると気温が四十度を超える熱気に包まれる。内陸にあるから空気はいつも乾燥している。そういう世界を歩き、オアシスに辿り着く。そこで出合った井戸水はとんでもなくおいしいのだ。

しかしその水のおいしさは、状況の落差のようなものが生む魅力にすぎない。「シルクロードは水の道だな」などと呟きながら水を飲む旅をつづけているうちに、その水が体に入り込んだときに、悪寒が走るような嫌な感覚に陥ることに気づく。それは長い時間つづかず、やがてぴたりとはまったジグゾーパズルのように収まってくれるのだが、そのちょっとした時間が気になりはじめる。そして信州の安曇野の水に結びついていくのだ。

僕が育った土地の水。それは山に積もった雪が伏流水になってくだり、湧出した水をベースにしていた。その水で育った僕の体には、伏流水のDNAのようなものが刷り込まれ、シルクロードの井戸水に反応する。

こういった時間と道のりを経て、シルクロードは僕にとっての桃源郷の領域に入り込んでくる。

なんだかめんどくさい桃源郷への道のりの話になって申し訳ないが、そういうプロセスを経て、好きな街が桃源郷に変わっていく。好きの先にある桃源郷……。

本書で紹介しているのは、僕にとっての桃源郷である。それを読者に強要するつもりはない。しかし読み込んでほしいのは、みごとな眺めや味は、それぞれの人生にシンクロしてはじめて桃源郷という天上界にも似た世界に昇格するということなのだ。だから旅の桃源郷は人によって違う。しかしそこに至るプロセスは酷似している。

コロナ禍は僕だけでなく、ほとんどの人の旅を封印してしまった。そんな年月を経て、ようやく、自由に旅に出ることができるようになったが、腰が重い日本人が多い。旅に出なくてもやっていける……という言葉を耳にすると、「皆、そんなに強いのか」と呟きたくなってしまう。旅にでない日々のなかで出合う世界は生々しい。人生と一体化している。

しかし旅で出合う桃源郷は、旅という日常を離れた世界の先に見えてくるものだ。自分の人生とシンクロした世界である。そのなかに身を沈めると、やはり心地いい。そういう世界を歩きながら、僕は心の均衡を保ってきた。日本にいてはできることではなかった。

七十歳近い年齢になったが、僕はこれからも旅に出る。つらくなったら、これまでつくってきた僕の桃源郷に逃げ込む。それが僕の財産のようにも思う。

僕が桃源郷に出合っていくプロセスを確認するように読み進めてほしい。そしてそれぞれの桃源郷をみつけていってほしい。いま、そんなことを思っている。

旅する桃源郷　目次

第二章

小島の桃源郷――サンゴの海に小径がつづく

第三章

水の桃源郷——湧水に出合う旅

第四章

刻まれる歴史——翻弄される時代のなかに桃源郷

第五章　桃源郷で人生を忘れる

〔表紙カバー写真〕
中田浩資
〔口絵写真〕
阿部稔哉／中田浩資
〔本文写真〕
阿部稔哉（ルアンパバーン、サハリン、香港、バンコク、ラサ、シンガポール、ダラット、コックスバザール）
中田浩資（チェンマイ、ラーショー、フンザ、多良間島、宮古島、サマルカンド、シルクロード 、バンコク、菁桐）
下川裕治（エーゲ海・パロス島、安曇野）

第一章

桃源郷には音がない

――山にかこまれた小さな王国

ルアンパバーン｜ラオス

音のない　安らぎの街

新型コロナウイルスの嵐がすぎ去ろうとしていた頃、どこへ行くことができるだろうか、と毎夜、パソコンの画面を眺めていた。

それはコロナ禍の間の日課でもあった。いくつかのサイトが、世界各国の入国規制を伝えていた。緩和の動きが出てくると、在外日本大使館のサイトを確認する。そんな夜を、そう、二年近くもつづけていた。

多くの人が海外旅行を諦めていた。それどころか、国内旅行すら難しい時期もあった。しかし僕は旅行作家と周りからは呼ばれていた。翼を失った鳥のように、旅に出ることができない旅行作家……。旅というものへの思いは、ほかの人よりは強かった気がする。

新型コロナウイルスの感染が広がる前、僕は毎月のように旅に出ていた。旅が日常になっていた。そんな日々を紡いでいた糸を、目に見えないウイルスがぷつんと切ってしまった。はじめに僕を襲ったのは、ある種の禁断症状だったようにも思う。飛行機に乗りたい……。知らない街の屋台に座りたい……。そして夕陽を眺めながら一杯のビール……。

しだいに禁断症状が落ち着くと、旅の日々を支えてくれた街のにおいとか風、人々の声がのっそりと頭をもたげてくる。僕の旅は、いや、僕の人生は、そんなさまざまな街の空気や人々の営みで支えられていたことがわかってくる。

あの街にまた行きたい。

僕にとっての桃源郷のような街……。

それは唐突な通知だった。目にしたのは二〇二二年の五月初旬だった。ラオスだった。ほぼすべての入国規制が撤廃されたのだ。

コロナ禍のなか、多くの国が、外国人の受け入れ方法を模索していた。観光収入に頼る国の政府ほど揺れていた。国内のホテルや旅行会社からは、「早く観光客を受け入れろ」と突きあげられる。しかしこれ以上、新型コロナウイルスの感染が広まることを国民は怖れている。その狭間に立たされる。タイは入国前のPCR検査やワクチン、入国後の隔離などの条件をつけ、観光客の入国を受け入れはじめる。感染状況によって入国条件が変わるから、タイに行きたい人は右往左往することになる。かくいう僕もそのひとりだった。

しかしラオスからは、物音ひとつ聞こえてこなかった。新型コロナウイルスの感染が広まると、早々に国を閉じてしまった。入国を制限する国は多かったが、その厳しさは国によって違っていた。ラオスのそれはかなり厳しそうだった。観光客は当然だが、仕事でラオスに行くことも難しいという話だった。完全な鎖国に近かった。

もともとラオスの存在感は薄かった。海もなく、山々がつづく小国である。この国から発信される情報は少なく、ときに忘れ去られるような国だった。村上春樹の紀行本に、『ラオスにいったい何があるというんですか?』がある。ラオスファンとしたら、ずいぶん失礼なタイトルだと思いながら読んだ記憶があるが、僕もラオスのことを、「タイの奥座敷」などと書いていた。五十歩百歩というところだろうか。しかしそう表現しないと、日本人にはなかなかラオスという国を理解してもらえなかった。

ラオスがほぼ鎖国に近い状態をつづけても、日本人の多くは気にも留めなかった。コロナ禍がなくても関心がない人が多かった。

しかし僕は好きだった。控えめで、国際社会からも忘れられそうな存在が好きだといったら、ラオス人は気分を悪くするだろうが、ひっそりとしたラオスという国が好きだった。日本で原稿に追われ、東京の居酒屋の喧騒のなかで相手に気を遣いながらビールを飲み、バンコクの喧騒のなかを歩いているとき、ふっとラオスが浮かんでくる。

あの国には音がない……。

ラオスに入国する規制がほぼ撤廃されたことを耳にしたとき、最初に脳裡に浮かんだのは、ルアンパバーンという街だった。いや、正確にいうと、街の脇を流れるメコン川だった気がする。

滔々と流れるメコン川には音がなかった。

ルアンパバーンは音のない街だった。はじめてその川岸に立ったとき、街の音をメコン川が吸いとっているような気になったものだった。あの音のない世界にようやく立てるようになった。そう思うと、心が軽くなった。

はじめてルアンパバーンを訪ねたのはいつ頃だったろうか。もう二十年以上も前のように思う。この街が世界遺産に登録される少し前の頃だった。当時のルアンパバーンは、いまのように高級ホテルやゲストハウスが並ぶこともない、山に囲まれた小さな街だった。長くつづいた王朝の歴史は街に漂っていたが、そこを訪ねる人も少なかった。

　僕は中心街にあったアジア風の宿に泊まった。ゲストハウスとか安宿という感じではない。アジアの街には、必ずこういった宿があった。高級な宿ではない。仕事で泊まる人も多い。いってみればアジア風ビジネスホテルだった。ルアンパバーンでは珍しい三階建てだった。僕はその二階に泊まった。

　朝、どこからともなく聞こえてくるくぐもった声で目が覚めた。大きな声ではない。河川敷の野球場から聞こえる草野球の歓声を土手から聞いているようなレベルだった。窓を開けて下をのぞいてみた。そこは路地になっていて、野菜や魚、雑貨などを並べた露店がぎっしり並んでいた。

　朝市だった。

　これまでアジアのさまざまな街で朝市を見てきた。アジア、とくに僕がよく訪ねる東南アジアの朝は早い。朝市も朝の四時ぐらいからはじまる。店員の呼び込みの声、台車で荷物を搬入する男たちの野太い声、バイクの排気音……。アジアの朝市は騒々しいものだった。それを僕はアジアの活気とか、エネルギーといった言葉で綴ったこともあるが、いま、眼下の朝市から聞こえてくる音には、そんな活気はなにもなかった。いや、人々は動いているから、活気はあるのかもしれない。しかし音があまりに少ないのだ。

階段を降り、朝市の路地に立ってみた。目の前の露店には、水滴がついた野菜が山積みになっている。客はそれを手にとり、店を切り盛りするおばさんとなにやら言葉を交わす。値切っている？　しかしその声は囁くような音量なのだ。ルアンパバーンの人は声が小さい？　そんなことはないはずだ。しかし朝市には多くの人が集まっているのに、なにか大声を出すことがはばかられるような空気があった。

この街の人々は静かに暮らしている……。

これが僕にとってのルアンパバーンの出合いだった。それはアジアのどの街とも違っていた。

人々が静かに暮らしている……。その予感は、その夜、確信に変わった。泊まっている宿の前でナイトマーケットが開かれた。車の乗り入れを止め、路上に雑貨や布、絵画、装飾品などを並べた露店が出る。多くの客が集まってきていた。僕は露店の間の道を歩きながら、朝と同じ言葉を頭のなかで繰り返していた。

音がない……。

アジアのナイトマーケットは賑やかなものだ。店によっては音楽をかけ、客の注意を引く。パフォーマンスで客を集める店もある。しかしルアンパバーンのナイトマーケットはなにも音がしない。音楽をかけている店は一軒もない。店の男や女は、並ぶ商品の奥で、ただ黙って座っている。売ろうとする気合など微塵もない。いや、皆、商売人だから、ひとつでも多くの品を売りたいだろう。しかしその思いをまったく見せようとしない。音のないマーケットが、道に沿ってつづいているのだ。客のなかには欧米人もいた。なかには商品を手にとって、値切っている人もいたが、音がない空気に引きずられて、どうしても小声になってしまう。密やかな会話がそっと聞こえてくる。ただそれだけだった。

この一日でルアンパバーンは僕のなかの桃源郷になった。音がないことがこんなにも安らぎを与えてくれる。そんな世界だった。

それから何回、ルアンパバーンを訪ねただろうか。ヴィエンチャンから十時間ぐらいかかるバスに乗ることが多かったが、バンコクやヴィエンチャンから飛行機で向かったこともある。メコン川の上流からスピードボートで辿り着いたときもあった。世界遺産に登録されてから、観光客は年を追って増えていった。旧市街には次々にゲストハウスが建てられ、新市街は中国語が溢れるようになった。ラオスは北側で中国に接していた。経済力のある中国人は、この街でビジネスを立ちあげていた。

しかし僕のルアンパバーンの日々は変わらなかった。到着すると、まず、メコン川の川岸に向かった。褐色の水が音をたてず、周囲の音を飲み込むように流れている。ただその眺めをぼんやり見つめるだけで満足だった。音がない世界は簡単に手に入れることができた。

夕食をとり、夜の路地を歩いていると、両側に等間隔でフットライトが置かれていた。素焼きの陶器で覆われ、路面だけを明るくしていた。後で調べると、街灯をなくし、星空を眺めるためのアイデアだった。フランス人の発案のようだった。

そのフランス人の思いがわかる気がした。ルアンパバーンの音のない世界に浸っているとそういう気分になる。明るい街灯と機械から流れる音楽はこの街には無縁だった。


コロナ禍の間に、ラオスでは本格的な鉄道が開通していた。首都のヴィエンチャンから中国国境までのびる四二二・四キロのラオス中国鉄道だった。それまでラオスの鉄道は、タイ国境からタナレーンまでの五・二キロしかなかったから、ラオス初の鉄道といってもよかった。その鉄道の中間あたりにルアンパバーンがあった。

その列車に乗ってルアンパバーンまで行くことにした。始発のヴィエンチャン駅に着き、その巨大な駅舎を目にしたとき、なんだか鼻白んでしまった。中国の駅にそっくりなのだ。待合室に入るときのセキュリティシステムや駅の構造も中国だった。そして乗り込んだ列車は中国からもってきたものだった。

ほとんどの資金を中国が出した鉄道である。山がちなラオスに鉄道をつくることはとんでもない資金と労力が必要のような気がしていたが、中国の経済力はそれをものともせずにいくつものトンネルをつくり、中国までの線路を敷いてしまった。

中国の資金といっても、その一部はラオスの借金になる。経済アナリストは債務の罠の心配をする。ある経済アナリストはこうもいう。

「中国の狙いは、ラオスの南に広がるタイ、マレーシア、シンガポールといった国々への物流です。タイの港からさらにその先へ物資を運ぶことも考えているかもしれません。つまりラオスのことなんて眼中にない気がします。ただ貨物列車が通過できればいいと。債務の罠には発展しませんよ」

ラオスと中国の経済力を比べれば、それなりの説得力があった。中国が絡んでくると、世知辛い話に傾いていってしまう。

しかし車内を埋めるラオス人たちは嬉々としていた。生まれてはじめて鉄道に乗るという人も多いのかもしれない。僕が乗ったときは開通から半年もたっていない時期だった。

鉄道は早かった。列車のスピードはそれほどでもないのだが、いくつものトンネルをつくり、短い距離でヴィエンチャンとルアンパバーンを結んでいる。バスで十時間もかかったルアンパバーンに三時間もかからずに着いてしまった。苦労して桃源郷に辿り着くというイメージは薄れてしまった。

ルアンパバーンに着き、それがまるで儀式のようにメコン川に向かう。時代の流れのなかで、この街をとりまく環境は大きく変わってきた。世界遺産に登録され、観光地として注目されるようになった。そして鉄道の開通……。

しかしメコン川を眺めていると、この街はなにも変わらないと思えてくる。街から音が流れてこない。人々は囁くように会話を交わす。そしてメコン川は音もなく流れくだっている。

ルアンパバーンの夜

チェンマイ｜タイ

深い森に包まれて

アジアのなかでタイのバンコクに滞在することが多い。なにかと用事があるからだ。僕にとっては慣れた街でもある。二年弱、暮らした経験もある。しかしこの街が好きかというと答えに困る。僕はこの街にかかわる話を何冊もの本にまとめてきた。親しいタイ人も少なくない。皆、いい人だ。彼らが僕を支えてもくれる。僕の仕事、つまり旅行作家という立場を考えれば、バンコクは切っても切れない関係の街なのだが、

好きな街かといわれると……やはり悩む。

しばらくバンコクに滞在すると、なにかがほしくなる。自分ではうまく説明できない。酸素の少ない水で泳ぐ魚が、水面で口を開けるほど渇望しているわけではない。しかしなにかが埋まらない。

あるとき、バンコクでの用事がキャンセルになった。二日間がぽっかりあいてしまった。バンコクでゆっくりすることもできたが、なんとなくつまらない。気がつくと、チェンマイ行きの安い航空券を探していた。こんなとき、ＬＣＣはありがたい。仕事でもなく、ふらっとチェンマイに行くことへの経済的な負担をだいぶ軽くしてくれる。

以前にもこんな感じで衝動的にチェンマイに向かったことがあった気がした。そのときも一泊だけの短い旅だった。

バンコクを発った飛行機は、一時間もするとチェンマイの上空に達し、しだいに高度をさげていく。窓からのぞくと、チェンマイを囲むこんもりとした山々を覆う森が見える。深い緑のうねりについ見とれてしまう。

タイの街に飛行機が着くとき、四角く区切られた水田を眺めることが多い。とくにバンコクは、その郊外には広い稲作地帯が広がっている。

「これかもしれない……」

バンコクとは違うチェンマイの眺め。街を囲む深い森……。僕が見たかったのは、この森だったような気がした。いや、森が発するなにか。それは森の精気のようなものかもしれない。僕は信州で生まれ育った。山がちな土地で、山々の緑を眺めながら高校を卒業するまでの年月をすごした。その間に、僕のなかには、森の精気のようなものが刷り込まれたのかもしれない。森のない街に暮らしていると、なにかが埋まらない苛立ちを覚えてしまう。森の精気中毒ということだろうか。

以前、チェンマイでこんな話を聞いたことがある。

タイは、日本では小乗仏教ともいわれる上座部仏教の世界だ。その教えでは人は輪廻するものだから、墓が存在しない。しかし人が死ぬと火葬が一般的だ。そこで遺骨はどうするかということになる。日本なら墓に収めればいいが、タイには墓がない。

散骨である。バンコクでは、親族が船に乗り、チャオプラヤー川をくだる。ちょうど海と交わるあたりで船を停め、花と一緒に骨を撒く。僕も二回ほど経験している。しかしチェンマイには川はあるが海がない。そこでチェンマイ風の散骨が生まれた。骨をロケット花火に仕込み、空に向かって打ちあげるのだ。場所はだいたい森のなかだという。つまり上空に打ちあげられた遺骨は、パラパラと森のなかに落ちてくる。これで日本でいう納骨は終わる。それは骨を森に還すこと。人の肉体の一部を森に戻すようにも思えてくる。魂は生きているから、森には還らない。しかし体は還っていく……。

これはチェンマイだけの話ではないようだった。海のないエリアに住む人々のなかに生まれた風習らしい。

チベットに風葬という納骨儀式がある。岩の上に死体を運び、粉砕して放置する。するとどこからともなくハゲタカが現れ、肉をもち去ってしまう。その光景を想像してみる。人の体が空に吸い込まれていくようにも見える。空に還る。そういうことか。

チベットの空は怖いほど澄んでいる。青を通りすぎて紫、いや黒味さえ帯びてくる。標高が高いのだ。その空の許で暮らすチベット人の発想のなかでは空が天国なのか。チベットの人たちは、空の先にある桃源郷に肉体を運び入れる。チェンマイの人たちは骨を森に散らす。ということは、チェンマイの人たちにとって、森は桃源郷なのだろうか。

一冊の本を書くためにチェンマイに通っていたことがあった。この街に暮らす新里愛蔵さんという老人の半生を本にまとめようとしていたのだ。

愛蔵さんに会ったのは、本を書くと決める数年前だった。まだ元気な老人だった。年金がまったくなく、日本では生きていくことが難しかった。物価の安いチェンマイを選んだ理由だった。

彼は東京の中野で山原船という泡盛酒場を開いていた。愛蔵さんは沖縄の名護の先にある屋我地島の出身だった。中野の店をたたみ、チェンマイに移り住んでいた。

「タイのなかをいろいろまわってね。チェンマイにきたとき、ここだと思った。暮らすならこの街……。街のなかに木が多いんだ。南の国の木がね。ガジュマルもかなりある。街から郊外に出れば深い森が広がっている」

二日に一本と決めているという小瓶のビールをちびちび飲みながら、愛蔵さんはそんなチェンマイの話をしてくれた。彼もチェンマイに流れる木の精気のようなものを感じとってしまったひとりだった。

再び会ったとき、愛蔵さんは車椅子に座っていた。脳梗塞で倒れ、左側の手足が不自由になっていた。それでも彼はチェンマイから離れようとしなかった。この街をそれほど気に入っていたのかといえば……そうではなかった。金がなかったのだ。一ヵ月の生活費は家賃をのぞいて二万円という話を聞いたことがある。日本に帰ると、とてもその金額では暮らすことができなかった。いくら体が不自由でも、チェンマイを離れることができなかったのだ。

愛蔵さんは家の入口でガジュマルの苗木を育てていた。三十鉢ぐらいあったように思う。苗木はまだ三十センチほどの高さだったが。

愛蔵さんはこんな話をしてくれた。

「羊は死期を悟ると、木の下に移動するんだそうです。そして木の下に横たわって死んでいく。すると羊の体が木の栄養になる」

「羊のように……？」

「自分が死ぬ頃には、このガジュマルはもっと大きくなっていると思う。死んだら、ガジュマルの木の下に体を埋めてほしいんだ」

愛蔵さんはチェンマイの家で、自分の墓標を育てていることになる。いまでこそ樹木葬というスタイルはさほど珍しくないが、この話を聞いたのは二十年以上も前だ。

彼に樹木葬を連想させたのはチェンマイという街だった気がした。

愛蔵さんはその木にガジュマルを選んだ。本を書くために、彼が生まれた屋我地島も訪ねてもいた。島にはガジュマルに似たアコウという木が多く自生していた。ガジュマルは中国語で榕樹と書く。その日陰に人々が集まってくるという意味だと聞いたことがある。

大きく育ったガジュマルは、木の精気を発しながら、街の人たちがひと息つく日陰をつくる……。愛蔵さんは自分の死後のイメージをガジュマルの木が導いてくれるような気になったのかもしれない。彼は自分の手で、チェンマイに桃源郷をつくろうとしていたようにも思える。

しかしいまの世のなかは、そう身勝手な死に方を許してはくれない。やがて彼は生まれた沖縄に帰ることになるが、その流れをつくった一因は僕にもあった。

愛蔵さんはその後、チェンマイで体調を崩す。現地の病院に入院し、そこで人工透析が必要な体になっていたことを知らされる。病院に見舞いに行くと、そこにはチェンマイに住む日本人もやってきていた。彼は、「すぐにでも日本に帰るべきだ」と強い口調で諭した。しかし愛蔵さんはこういった。

「物乞いをやってもチェンマイにいる」

愛蔵さんの顔は穏やかだった。ガジュマルの苗木を育てはじめたとき、彼はチェンマイで死ぬことを受け入れていた。すでに吹っ切れていた。チェンマイを桃源郷と決めてしまっていたのだ。

しかし人工透析は金がかかる。タイの場合、一ヵ月で八万円ほどが必要だった。治療をつづけていけば、やがて愛蔵さんの金は底をつく。しかし透析は一生、つづけなくてはならない。

日本で、愛蔵さんが年金を受けとる道を探っていた。彼は戦後に東京に出ている。タクシーの運転手などを十五年ほどつづけていた。その年数では、年金を受けとるには足りなかったが、沖縄特例というものがあった。日本で年金制度がはじまったのは戦後のことだ。しかしそのとき、沖縄は日本ではなかった。本土に復帰し、年金制度が沖縄にもあてはめられるまでの間は、年金を払っていることにするという特例だった。この期間を合算すると、あと少しで年金を受けとれる年数に達することがわかってきたのだ。社会保険事務所との交渉役は僕だった。

詳しい話は割愛するが、紆余曲折を経て、愛蔵さんは年金を受けとれることになった。月額七万円弱という金額だった。チェンマイで透析をつづけていくには満足な額ではなかったが、帰国すれば話は違った。日本では月額一万円ほどで透析を受けることができた。

人工透析が必要だとわかってから約一年後、愛蔵さんは帰国した。沖縄の名護で暮らすことになった。決めたのは愛蔵さんだった。死に場所と決めたチェンマイを離れることになる。桃源郷と夢描いた土地に植えられるはずだったガジュマルは一メートルほどにしか育っていなかった。

それから十二年――。二〇二二年十一月三日、愛蔵さんは名護の施設で亡くなった。


愛蔵さんが去ってからも、僕はときどきチェンマイに向かった。飛行機の窓からチェンマイの森を眺める。空港に着くと、遠くに見える山に向かって深く息を吸う。鼻腔に森の精気らしきものが届く。肩の力がすーッと抜けていくのがわかる。森の精気を体に届けるチェンマイという街は、罪づくりな街にも思えてくる。何人もがその精気で錯覚を覚えてしまう。この街で死ねたら……と。

チェンマイは森とパゴダの街

ラーショー｜ミャンマー

穏やかさゆえの不運が宿る桃源郷

インドとチベット高原を隔てるヒマラヤの山塊は、東に向けてしだいに、その高度をさげ、山並みも穏やかになっていく。ミャンマーの北側、ラオス、中国の西双版納《シーサンパンナ》、ベトナムの北部へとつながり、中国の福建省あたりで太平洋に達する。地形学的なつながりがあるわけではないが、僕の頭のなかでは、この山並みがひとつの区切りになっている。

そこに沿ってミャンマーのマンダレー、ラーショー、チェンマイ、ルアンパバーンといった街が並んでいる。民俗学的にざっくりとくくると、少数民族が多いエリアでもある。タイを構成するタイ族は、中国の西双版納あたりから南下をはじめ、シャム湾に面したバンコクを中心とした国をつくった。

人間、年をとってくると、自らのルーツというものに興味が湧いてくるようで、タイには、南下してきた王朝を辿っていくタイ人のシニア向けツアーがある。チェンマイ、チェンライ、チェンセンと北上し、メコン川をのぼって西双版納の景洪を訪ねるルートだという。景洪はジンホンと呼ばれるが、ジンはチェンに通じるのだとタイ人から聞いたことがある。タイ王朝の街には必ずチェンがつくのだと。

マンダレー、チェンマイ、ルアンパバーンはかつて王都として栄えた。マンダレーとルアンパバーンのあるミャンマーとラオスはそれぞれ植民地という過酷な時代を経験し、やがて独立運動という荒波に晒され、最後の王朝になった街でもある。こういった街を訪ねると、どこかほっとする。山並みに囲まれた盆地の街には、そんなつらい近代をもとり込んでしまうような穏やかな空気が流れている。めまぐるしく動いたアジアの歴史は決して軽くはないが、それをも飲み込む包容力がありがたい。こんな街で静かに暮らすことができたら……と、いつも考えてしまう。桃源郷という言葉が発するイメージがつながっていく気になる。

チェンマイ、マンダレー、ルアンパバーンといった街に比べると、ラーショーはかなり小さい。山間《やまあい》のひっそりとした街である。僕は街と町をその規模で使い分けている。街のほうが大きい。ラーショーは町といったほうがいいかもしれない。

ラーショーは三回訪ねている。石畳の坂道がつづく静かな雰囲気が気に入っている。はじめの二回はマンダレーから飛行機を使った。小さなプロペラ機がよろよろと山の間を縫うように飛び、ラーショーの小さな飛行場に着いた。

三回目は、マンダレーから列車で向かった。一日一便の列車があった。朝、マンダレーの駅で切符を買おうとした。すると職員からこういわれた。

「増水で橋が流されてしまい、途中のシーポーまでしか列車は行きません」

雨季だった。前日、マンダレーヒルにのぼって眺めると、盆地の中央を突っ切るように流れるエーヤワディー川が決壊し、街の南側は湖のようになっていた。降りづづく重い雨は、ラーショーを結ぶ鉄道にも被害を及ぼしているようだった。

まだ暗いうちに発車した老朽化した列車は一気に斜面をのぼり、有名なゴッティ橋を渡る。一説には世界で二番目に高いともいわれる。深い谷につくられた橋脚はどうみても頼りない。ある調査によると、橋脚の耐久期限はとうにすぎているそうで、その高度感以上に怖さが足許から這いあがってくる。それでも列車は、歩くようなスピードでなんとかこの橋を越えた。しかしその先のシーポーで列車は停まってしまった。駅から百メートルほど先にある橋が流されていた。

しかし駅員はこういった。

「橋の向こう側に列車が停まっています。そこまで行けば、先に進むことができますよ」

僕は下流の、流されていない橋を迂回するようにして渡り、接続する列車に乗り込むことができた。しばらくして、列車は篠突く雨のなかを発車したが、二十分ほど進むと、そこで再び停まってしまった。なんでも線路の上に石が落ち、行く手を阻んでいるということだった。近くに住む村人が駆り出され、ツルハシやクワを肩に載せ、雨に打たれながら先に進んでいった。二時間ぐらい待っただろうか。ずぶ濡れの村人たちが戻ってきた。落石は大きく、線路の上から移動させることはできなかったようだった。列車は元の場所に戻るしかなかった。

「ここまでか……」

シーポーの街に出てバスを探してみた。ラーショーまで行くバスはなかった。なんとかラーショーまで行けないだろうか。相談すると、男たちはひとりの中年男性を呼んでくれた。彼の車をチャーターすれば、ラーショーまで運んでくれるという。

僕はその話に乗った。その日のうちにラーショーまで行きたかったのだ。しかしやってきたのは小型トラックだった。しかたない。僕はその荷台に座った。ラーショーに着いたとき、すでに夜の十時をまわっていた。

ラーショーの一夜が明けた。部屋はホテルの四階だった。路上で買った甘いミルクティーを飲みながら、ラーショーの街を眺めた。人々が石畳の道をゆっくり歩いていた。朝市で野菜や肉を買った帰りだろうか。周囲は木造の建物が並んでいる。三階建てや四階建てが多い。視界をあげると、帯状の雲が町の上に止まっていた。昨夜、この町も激しい雨に見舞われたのかもしれない。その水蒸気が雲になって町の上に止まっている。

桃源郷……。その言葉が自然に浮かんできた。

山に囲まれたラーショーの町は穏やかだった。ここまでの道のりのきつさが、平和な町のありがたさを浮き立たせる。しかしその穏やかさゆえの不運がこの町には宿っていた。

話は太平洋戦争の時代に遡る。中国では日本軍と中国国民党の間で激しい戦闘が繰り返されていた。欧米を中心にした連合軍は、中国国民党への補給路をつくっていく。援蔣ルートである。蔣は中国国民党を率いる蔣介石からとられた。イギリスの植民地であるインドやミャンマーから、武器や物資を中国に届けるルートだった。その補給路の基地がラーショーに置かれた。厳しい山道を運ばれてきた物資は、ラーショーの町でいったんおろされる。登山隊が突然現れた桃源郷のような町でひと息つくのに似ていた。

しかし戦況は激しさを増していく。ミャンマーに進軍した日本軍の目的のひとつは、この援蔣ルートを断ち切ることでもあった。ラーショーはやがて戦争に巻き込まれていく。

大戦後のラーショーはアヘンに翻弄されはじめる。中国の共産化、東南アジアのドミノ現象、そしてベトナム戦争……。その資金源にアヘンが登場するのだ。世界を巻き込んでいった東西冷戦は、この一帯にゴールデントライアングルを築かせてしまう。そのなかで麻薬王といわれたクン・サやロー・シンハンが暗躍しはじめる。彼らが拠点のひとつに選んだのがラーショーだった。ラーショーはまたしても基地になっていくのだ。

東南アジアの歴史のなかで、クン・サヤロー・シンハンはアヘンに手を染めたマフィアのように描かれることが多い。しかしラーショーの人たちがこのふたりに向ける眼差しは優しい。冷戦構造のなかで、この一帯はアヘンの生産や精製になっていくが、それはこの一帯の平穏を守るための手段だったとラーショーの人は考えている。強国が蹂躙するなかで、ラーショーを守るためには、アヘンに染まるしか方法がなかった……と。

四階のベランダから眺めるラーショーはうっとりするような町である。石畳の道の先にはモスクが見える。その近くには仏教寺院が建っている。坂道を肌の色が違うさまざまな人が歩いている。ミャンマー系、インド系、中国系……。それもまたラーショーの歴史を物語る。それは桃源郷が背負った宿命にも映る。

ラーショーの朝

フンザ―パキスタン

優しい風が誘う山谷の里

桃源郷という言葉を目にしたとき、パキスタンのフンザを思い起こす人は……少なからずいるような気がする。フンザの前につく形容詞はそそるものが多い。「長寿の里」、「風の谷のナウシカの風の谷はここからイメージされた」、「春になると咲き乱れるアンズの花」……。

カラコルム山脈に囲まれた山里は、優しい風が吹いているような気になる。ルアン

パバーン、チェンマイ、ラーショーなど、僕が気に入っている街から伝わってくる穏やかな空気はフンザに通じ、旅の憧れにつながっていく。

僕もその風に吹かれたくて、長い道のりをバスに揺られた。

フンザは遠い。時間的にはヨーロッパなどよりはるかに遠い。日本から短い時間で行こうとすると、まずパキスタンのイスラマバードまで飛行機で向かう。そこから小型機でギルギット。最後はバスで二、三時間。しかしイスラマバードからギルギットまでのフライトは天候に左右される。その区間をバスに乗るとひと晩はかかる。中国側からカラコルムハイウェイをバスで向かう方法もある。世界で車が通る峠としては最も標高が高いクンジュラブ峠を越えていく。四六九三メートル。冬になると通行も難しくなる。

そんな長い道のりの先にあるフンザ。やはり旅人は優しい土地に惹かれるものらしい。

僕も桃源郷への憧れを胸に、長い道のりをバスに揺られた。そして行くたびに、優しい土地を支えるフンザの流儀に触れ、襟をただすような触発を受ける。フンザはやはり桃源郷のように思う。

はじめて訪ねたのはいつ頃だろうか。一九八〇年代の終わりの頃のような気がする。中国側からクンジュラブ峠を越えた。

カメラマンが同行する旅だった。季節は十月。カラコルムハイウェイが雪で閉ざされるのももうすぐという時期だった。中国側のカシュガルを出発したバスは途中のタシュグルガンで一泊し、国境でもあるクンジュラブ峠をめざす。パキスタンに入り、最初の街はソスト。そこで一泊。さらに半日ほど南下するとフンザの中心の町であるカリマバードに着く。順調にいって二泊三日のバス旅だった。

タシュグルガンを出発し、峠に向かってバスは高度をあげていった。隣に座るカメラマンの体調がしだいに悪くなっていくのがわかった。高山病である。

この病気は、とにかく高度の低い場所に移動するしかない。しかし峠を越えるバスは一日に一本しかない。戻ることは難しかった。

峠は雪に覆われていた。バスはなんとか峠を越え、一気に高度をさげていった。カメラマンの体調も戻ってきた。パキスタンの入国審査が行われるソストに着いたのは夕方だった。

翌日の昼すぎにフンザに着いた。フンザは中国とパキスタンを結ぶカラコルムハイウェイが通っていた。僕はその道端でバスを降ろされた。畑のなかにつくられた急な坂道を三十分ぐらいのぼり、フンザの中心、カリマバードに着いた。

宿で煙草がなくなっていることに気づいた。街の雑貨屋に出向いた。いくら探しても煙草がなかった。訊くとカリマバードでは煙草を売っていないのだという。店の主人はこう話してくれた。

「カラコルムハイウェイが通って、パキスタンや中国の物資がどんどん入ってきたんです。ここの暮らしは豊かになった。でも同時に、体によくないものも入ってくる。皆で話したんです。煙草を村にいれるのはやめようって。だから置いていないんです。でも心配しないでください。観光客が喫うのは自由ですから」

フンザはかつてフンザ藩王国という王国だった。一九七四年までつづいている。パキスタン政府の方針で藩王国が廃止された。僕が訪ねたときは、それから十数年しかたっていなかった。カリマバードはまだ王国の枠組みのなかにいた。ミールという藩王を中心に、コミュニティがつづいていたのだ。

雑貨屋のおじさんがいうには、下を走るカラコルムハイウェイ沿いに店があり、そこには煙草が売られているという。

僕は急な坂道をくだった。教えられた店には、中国やパキスタンの煙草がずらりと並んでいた。僕は煙草を買い、カリマバードに戻る坂道の途中の縁石に腰かけ火をつけた。

正面にラカポシの急峻は山肌が見えた。標高は七七八八メートル。フンザからの眺めといえばこのラカポシだった。山肌に西陽があたりはじめ、ときおりきらッと光る。空気は怖いぐらいに澄んでいる。

「桃源郷に入る資格がない旅人かもしれないな」

そんなことを考えてみる。文明は人々の暮らしを豊かにしたかもしれないが、そこには体を蝕むものも含まれている。フンザの人々は、煙草がないエリアにしようとしていた。その世界を守ろうとしていた。

以前、ネパールのアンナプルナのトレッキングルートを歩いたことがあった。登山道が整備され、登山隊や多くの観光客が訪れるようになった。山で暮らしていた人々は宿をつくり、生活は豊かになった。しかしひとつの村の村長さんがこういった。

「富は貧困を連れてくる」

村に金を狙った窃盗団がやってくるようになったのだ。村の治安が危うくなる。家の扉に鍵をかけなくてはいけなくなった。

清涼な空気のなかで喫う煙草は少し苦かった。

二〇一八年にもフンザを訪ねた。イスラマバードから夜行バスに揺られてギルギットに着き、そこから小型バスに乗ってカリマバードに着いた。カリマバードの中心まで車道がのびていた。土産物屋や飲食店が、急な坂道に沿って並んでいた。すっかり観光地の趣を身に着け、雑貨屋では普通に煙草が売られていた。かつての藩王の城に入るのに入場料が必要になっていた。

どこへ行ったらいいのかわからず、僕は坂道をただ歩いていた。道の脇に石が組まれた水路がつくられ、そこを勢いよく水が流れていた。そこを辿ると、一軒の家にぶつかった。水は家の下を流れていた。カレーズだった。用水路である。水路を伝って流れ込む雪解け水がフンザを支える。

カレーズに沿った道を歩いてみた。道に沿って植えられたポプラの葉が風に揺れている。鳥の声が聞こえてくる。水路は次々に枝分かれし、畑を潤していく。小ぶりのリンゴが実をつけていた。四月になると、谷一面を埋めるアンズのピンク色の花も、この水がなかったら咲くことはない。

ひとりのおじさんと目が合った。彼は僕に笑顔を送ると、すぐに腰をかがめて手を動かしはじめた。なにをしているのかとのぞき込むと、カレーズの修理だった。こぶし大に砕いた石を、水路の壁に詰めている。しばらく見ていると、おじさんは腰をのばし、再び僕と目が合った。彫りの深い顔を緩ませた。

「カレーズを直すのは大変なんだよ」

そういいたげだった。

フンザに暮らす人々の毎日は忙しい。しなくてはならないことが山ほどもある。カレーズを流れる水を調節し、畑に適度な水を届かせなくてはならない。この水は下の畑も利用しているから、とり込みすぎてはいけない。水路に詰まった葉もとりのぞかなくてはならない。そして馬の世話。ときに家の修理もしなくてはならないだろう。年をとってもその仕事が減るわけではない。それが長寿の秘訣にも思えてくる。こうして桃源郷の暮らしは守られている。

乾燥地帯でもあるフンザを支えているのはカレーズを流れる水である。戦乱に明け暮れるアフガニスタンでは、多くのカレーズが使い物にならなくなってしまった。水がなければ作物が育たない。男たちは生きるためにタリバンやＩＳの戦闘員になっていく。テロ組織から支給される給料が生活を支えていく。いつまでも戦乱が終わらないのはそのためだった。

アフガニスタンでNGO「ペシャワール会」を運営していた中村哲氏は、その悪循環を断ち切るために、ひたすらカレーズの建設や修復に明け暮れた。大地に水を供給する水路が整えば、戦乱はなくなっていく。

しかし戦乱で崩れてしまった構造は簡単には直らない。内戦状態がつづくことを望む人々も生まれてくる。中村氏はその犠牲になってしまった。

カレーズを守ることは、それほどに大切なことだった。フンザの人々はわかっている。それが桃源郷で暮らす資格のようにも思えてくる。

フンザを訪ねるたびに、この谷を守る意味を教えられる。桃源郷というのは、そういう土地なのか。

ポプラ並木のフンザ

第二章

小島の桃源郷

——サンゴの海に小径がつづく

多良間島｜日本

異次元空間にいるような感覚

「遊ぶのは　楽しすぎて　たまらない」

沖縄の多良間島。島の中央を走る道沿いでひとつの看板が目を引いた。本来なら、〈スピードの出しすぎに注意しましょう〉といった文字が躍る立て看板である。そこに島の小学生が考えた標語が書かれていた。

これが標語?

道端で立ち止まってしまった。

沖縄の離島……。そこにはレベルがある。石垣島と宮古島は、それぞれ五万人前後の人口を抱えている。本土の中堅都市ほどのにぎわいを見せている。離島という呼び方はしっくりこない。しかし多良間島レベルになると人口は一千人強まで少なくなる。さらに少ない島もある。僕は勝手に、石垣島と宮古島を離島と呼び、それ以外の島を離島の離島と呼ぶことにしている。

離島という文字が多くなって心苦しいが、離島と離島の離島を区別するひとつが、この標語看板だと思っている。離島の離島に渡ると、道に沿って、島の小学生が書いた標語が並ぶ。これを目にすると、離島感がじんわりと湧いてくる。

一年ほど前、僕は宮古島にいた。沖縄の離島の路線バスに乗るという旅だった。そこで宮古島に住む知人からこんな話を聞いた。

「以前、下川さんは多良間島に行って、あそこにあった標語看板の話を本に書いたでしょ。標語はなんだったっけ」

「遊ぶのは楽しすぎてたまらない」

「そう、それさー。その標語看板を見に行くっていう人に、そう五人以上会ったかな」

彼は宮古島のタクシー会社で働いていた。

多良間島は宮古島と石垣島の間あたりにある。島へは、宮古島からフェリーか飛行機を使う。以前は石垣島からも飛行機があったが、いまは宮古島からしか便がない。

運賃は安くない。フェリーは二時間ぐらいかかり、片道二千五百円ほどする。飛行機の運賃は買う時期などで変わるが、普通運賃は片道一万円近い。この標語看板を見に行くという人は、ひとつの標語を見るために、これだけの交通費を払うことになる。

「自分はわからないさー。標語ひとつ見るためだけだよ」

僕はなんとなくわかる。この標語には、沖縄の離島というイメージがたっぷりと詰まっている気がした。

しかし僕の感覚からいうと、多良間島は、沖縄の離島という世界の先にある世界のように映った。冒頭で離島と離島の離島の話をしたが、多良間島は「離島の離島の離島」といったらいいだろうか。それは島の人口とか、店の数といった測定ではない。離島のエッセンスといったらいいだろうか。

そのときに、僕は宿を決めずに多良間島に渡った。フェリーに乗るつもりだったが運休になってしまい、急遽、飛行機で多良間島に着いた。空港を出ると、サビが浮き出たマイクロバスがぽつんと停まっていた。ボディには、「多良間村　有償運送」と書かれていた。これが島のバスのようだった。宿を決めてなかったので、とりあえず村役場まで乗せてもらうことにした。役場の周りに公民館とスーパーがあった。あとでわかるのだが、島にはこのスーパーが一軒あるだけだった。

近くに宿があるはず……と村の道を歩いてみる。「みどりや旅館」という看板をみつけたが、戸は閉まっていた。休業状態なのか、外出でもしたのか……周囲に訊く人もいない。島の道をさらに歩いてみる。自転車に乗った小学生がいた。訊くと、「ちとせ旅館」があるという。道を教えてもらったのだが、そのあたりに辿り着いても、旅館らしき建物がない。道端に停まっていた軽トラックの運転席に座っていたおじさんと目が合った。

「すぐそこさー。案内するからついてきて」

そういうとおじさんは軽トラックをスタートさせた。

「ん？」

僕はおじさんが車を降りて、案内してくれるものだと思っていた。しかし軽トラックはゆっくりと進んでいく。車の後ろをついてこいということだったのだ。

軽トラックは十メートルほど進み、路地に入った。さらに二十メートルほど進んだだろうか。僕は軽トラックの後ろを歩く。祭りの山車の後を追う見物客のようだった。

軽トラックはゆっくり停まった。そこが「ちとせ旅館」だという。道に沿って庭があり、その横に長屋のようなプレハブ住宅が建っていた。外観はどう見ても一般の住宅だった。看板も出ていない。みつかるはずがなかった。

なにかが違う……。

沖縄の人たちは歩くことを嫌う。それは何回も経験していた。那覇のある沖縄本島なら、車を降りずに、「その先を曲がって……」などと口で説明する気がする。しかし多良間島の人は親切なのか、暇なのか、案内してくれる。しかしそれがあたり前のようにアクセルを少し踏む。しかし教える旅館までは三十メートルという近さなのだ。これをどう考えたらいいのだろうか。

宿にしてもそうだった。島に暮らす人たちは皆、知っているから、表札など出さなくてもいいかもしれない。しかし旅館は、島の外からやってきた人向けなのだから、看板か表札を出さなければ誰にもわからない。しかし「ちとせ旅館」にはなにもない。

おじさんはここが旅館だといったが、はたして泊まることができるのかもわからない。車の音で気がついたのか、おばさんが顔を出してくれた。僕は、

「あのー、ここ旅館ですか」

と声をかけるしかなかった。

やはりなにかが違った。

多良間島は文字も違っていた。御嶽《うたき》という祈りの場の看板を見ていて、首を捻る。そこには「ㇶ」とか「ㇺ」といった、なんと読んでいいのかわからない文字が記されていた。はじめて見る文字だった。後日、島の女性に発音してもらった。なんだかすごく微妙な音で、以前、なにかで聞いた平安時代の発音に似ているような気がした。

おそらく昔の沖縄、いや日本には、「ㇶ」とか「ㇺ」としか表現できない文字があったのだろう。文字というものは簡素化の道を歩むものだから、しだいに「ㇶ」は「イ」に統一されていった気がする。

しかし多良間島にはその進化が届かなかったということだろうか。しかし島の人と話をしていて、彼らが、「ㇶ」とか「ㇺ」が残されていることをさして気にもしていないことを知ってまた悩む。この種の話は、過疎化が進む島という辺境コンプレックスに陥るか、地域の誇りに発展するといったリアクションに通じていく気がするが、多良間島にはそのどちらもないような気になってくる。だからといって、関心がないわけではない。

島を歩いていると、トゥプリという表示をときどき目にした。多良間島は平坦な島で、集落は浜から少し島の中央に寄ったところに集まっている。そこから浜に向かう小径がトゥプリと呼ばれていた。名前もつけられている。ヌヌドウトゥプリ、マイドゥマリトゥプリ……。マイドゥマリは前泊だろう。知人にも前泊さんがいる。では、ヌヌドウは？　いやそれ以前に、トゥプリ……。

「浜に向かう道をつくった人の名前をつけるんです。あなたが小径をつくったら、名前をつけられますよ」

島の人はそんな話をしてくれる。改めてフクギ並木がつづくトゥプリを眺める。

シモカワトゥプリ？

なんとなくしっくりこない。

多良間島を歩いていると、どこか異次元空間にいるような感覚に陥る。桃源郷のイメージとは少し違う気もする。いや、この違和感が桃源郷なのか。

「遊ぶのは　楽しすぎて　たまらない」

この標語に触発されて多良間島に向かった人たちも、おそらく皆、この感覚を味わうはずだ。それは単に僻地とか離島といった言葉で表現される世界とは違う。声高に残った文化を主張する空気もない。その答えは、まだみつかっていない。

この原稿を書きながら、「ちとせ旅館」はどうなっているかと検索してみた。沖縄離島ドットコムではこう記されていた。

〈本館は既に閉館し、建物も撤去されましたが、別館はその後も存続。本館の脇道を入った少し先にあります。入口のアーチゲートが目印。ただこの別館も、二〇一八年時は営業している雰囲気がなく、島の人の話でも宿はやっているか否か分からない面も多い。宿泊を検討の際は事前に要確認。電話が繋がらない場合は、宿はやっていないと諦めましょう。本館のときも、この別館になってからも、ボリューム満点で美味しい食事だったので、残念です。〉

多良間島の道端

宮古島｜日本

ルールから解き放たれた自由の島

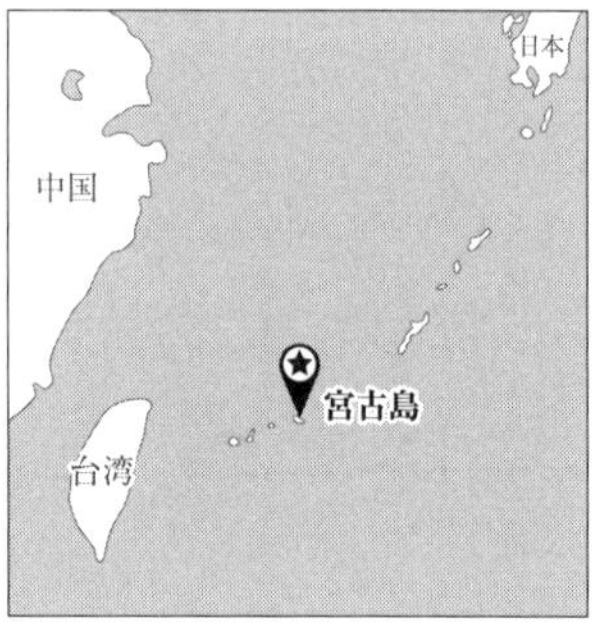

飲み屋を経営している知人から、コロナ禍のときの話を聞いた。店は一日も休まなかったという。

「ただ周囲の目もあるから、表のドアは閉めて、お客さんには裏から入ってもらったけどね。私は学生時代は全共闘。国のいいなりにはなりたくなかったんだよ。ただ給付金は一切もらわなかった。全共闘の意地だよ」

彼はそういって語気を少し強めた。

僕は彼より七歳ほど若い。全共闘世代の後ろに、金魚の糞のようにつながった年代である。キャンパスを席巻していたといわれる全共闘のうねりは薄れ、セクトの主導権争いにふりまわされた世代である。それでも学内のデモに加わり、成田闘争では放水車の水を浴びた。だから彼の心情が少し、いやかなりわかった。

それは現実味のない理論だったのかもしれないが、一度、国家に反逆する若者が集まる輪のなかに入った経験は、いまでも僕のなかで消えない過去になっている。

かつて未成年の喫煙を防ぐために、煙草の自動販売機の販売時間を制限していた時代があった。その後、ｔａｓｐｏというカードをリーダーにあてると煙草を買うことができるようになったが、それまでは十一時以降、自動販売機から煙草を買うことができなかった。

しかし沖縄では買うことができた。違法の自動販売機があったのだ。その自販機は電気が消えていて、一見、買うことができないように映ったが、硬貨を入れてボタンを押すと、コトッという音を残して煙草が受けとり口に落ちてきた。

いったいどういう操作をすれば、違法自販機になったのかはわからないが、歩道の脇にその自販機はなにげない顔で置かれていた。

「沖縄は夜が遅いから、十一時以降は販売禁止になると不便だからさー」

沖縄生まれの知人は、そう説明してくれたものだった。宮古島の西里《イーザト》という繁華街の自販機も沖縄流だった。その前に立つと、なんだか少しうれしかった。それが全共闘世代の心理だというと怒られてしまうかもしれないが、本土のルールを軽くいなしてしまうような沖縄が好きだった。

宮古島に家族で滞在し、伊良部島に渡ることがときどきあった。伊良部島には格好のシュノーケリングスポットもあった。宮古島と伊良部島を結ぶ伊良部大橋はまだない時代で、妻がレンタカーを借り、宮古島の平良港にあるフェリー乗り場に向かった。切符を買おうと、窓口の上に掲げてある運賃表を見て、紙幣を出した。すると女性職員が口にした金額は、その半値近い額だった。

「あの、上に書いてある料金と違うんですが」

「あれは国が認可した運賃です」

「はッ?」

宮古島では国が認めていない運賃で販売しているということだろうか。戦後のアメリカ時代、そして本土との経済格差などの歴史的経緯のなかで、沖縄にはいくつかの特例があることは知っていた。しかしそれなら、わざわざ認可された運賃を掲げる必要がない。勘ぐれば、それは本土からやってきた国の役人用で、実際はそれより安く売っている……ともとれる。しかしいくら宮古島でも、公共の乗り物である。そこまでこすっからい発想はない気がする。つまりはなにも考えていないのだ。券売窓口の上の壁にスペースがあるから、国が決めた運賃でも掲示するか……ぐらいのものだったような気がする。

その夜、宮古島の知人にその話をしてみると、気が抜けるような言葉が返ってくる。

「いわれた運賃を払ったの? 伊良部へのフェリー運賃はもっと割引があるよー。なんでそれをいわないの」

そこには本土への反骨精神などなにもなかった。僕はそんな沖縄というか、宮古島が好きになった。突き詰めればいろいろあるのかもしれないが、日本のルールを無視し、島に流れる風に従っているだけのようにも映る。それが全共闘世代の末席に座る僕の感性とシンクロしてしまったということだろうか。

江戸時代、沖縄は異域と呼ばれた。異国ではない。異域なのだ。日本の支配下にあったが、異なったエリアということなのだ。

そんな沖縄は思わぬところで顔をのぞかせる。宮古島ではないが、那覇で高速バスに乗ったことがあった。沖縄は本島の那覇から名護の南側まで高速道路がある。乗ったのは夕方で、帰宅するサラリーマンや学生で混んでいた。市内を走るバスのように、つり革を手に立っている乗客もいた。

バスは高速道路の料金所にさしかかった。すると運転手は、車内放送を使ってこういったのだった。

「もうすぐ料金所なので、立っているお客さんはしゃがんで見えないようにしてください」

高速道路を走行するとき、乗客は皆座っていなくてはならない。シートベルトの着用というルールもある。それらをすべて無視して、車内でしゃがむ……。こんなことを運転手が口にしていいものだろうか。

やはり沖縄だった。

桃源郷という言葉を耳にして、さまざまな連想が働く。うっとりするような風景を思い描く人もいるかもしれない。争いやストレスのない穏やかな世界を考える人もいる。そのなかに自由という発想を加えてもいい気がする。その空気がかつての沖縄にはあった。

人はひとりの小市民として生きていくために、さまざまなルールを守っていかなくてはならない。それは社会人としての規範である。ときにそのルールは大きなストレスにもなる。そこから解き放たれたとき、ここは桃源郷ではないかと思えてくる。人が暮らす社会だから、沖縄にも独自のルールはある。しかしそこには本土の決まりごとが入り込まないエリアがある。旅人はその世界に触れたとき、圧倒的な開放感に包まれる。それが旅の醍醐味だと思っている。かつての沖縄にはそれがあった。そこに魅了されてしまった人を沖縄病患者というのかもしれないが、当の本人にしてみれば、沖縄は桃源郷なのだ。

宮古島にいると、よくひとりで夕陽を眺めに行くことがある。その宝物のような時間を知ったのはいつ頃だろうか。二十年ぐらい前のように思う。その日、僕はアダンがつくった日陰から海を眺めていた。すると錆びだらけの軽トラックの荷台に犬を乗せたひとりの老人がやってきた。リードを外すと、犬は勝手に波打ち際に走っていった。

それを見届けた老人は、車から、近くのスーパーで買ったようなキハダマグロの刺身パックと泡盛の二合壜をもってきた。西の空はすでに茜色に染まっていた。老人は空を眺めながら、飲酒運転など気にも止めずに泡盛を紙コップに注いだ。

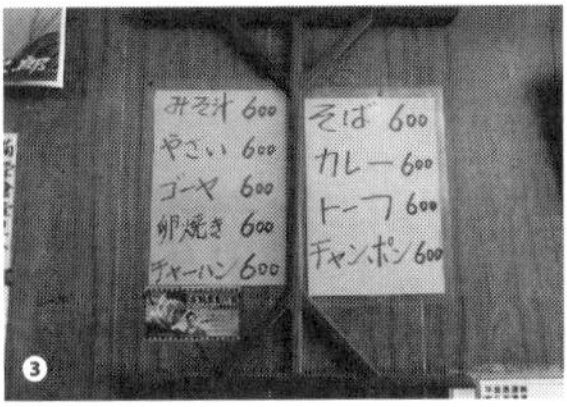

❶定番ゴーヤーチャンプルー。メニューの「ゴーヤ」を頼むとこれが出てきます ❷向こうに見えるのが伊良部大橋。宮古島と伊良部島を結ぶ。宮古島も変わっていく ❸みそ汁、やさい、トーフ、チャンポンのメニューから料理を想像できたら沖縄通。値段はすべて同じ。あまりに安易 ❹床屋です。そう書いてありますから。店名ではないと思いますが ❺地元スーパーは優しい。日陰に休憩用の椅子を置いてくれている ❻来間島と宮古島は来間大橋で結ばれている。歩いて渡ることもできる。僕は雨のなかを歩いて渡り、ずぶ濡れになった

「毎日、きてるんですか」

老人は人懐っこい笑みをつくり、静かに頷いた。

無口な老人だった。僕もどちらかというと話をしなくてすめばそうしたいタイプだ。

それから一時間……。僕らはさして話もせず、海と夕陽を眺めていた。

「宮古島で暮らそうか」

真剣に考えていた時期だった。航空券の世界では、LCCと呼ばれる格安航空会社が路線を増やしていた。沖縄から台湾、中国、タイ……。その距離は思った以上に近かった。沖縄を拠点にしてもいいような気がした。いや、それは自分を納得させるための材料にすぎないこともわかっていた。

東京に暮らしていると体が重くなっていくような感覚にとらわれることがあった。人の視線を気にしながら暮らさなくてはならない日々。そこにはさまざまなルールがある。人々が同調して迫ってくる無言の圧力もある。一時期、国家という枠組に反発した因子は、どこかで底なしの自由を渇望していた。

沖縄の人々が、そんな意識のなかで暮らしていたわけではない。しかしここには、国家というものを鼻で嗤ってしまうような風土があった。日本と中国の狭間で生きてきた人々の遺伝子に刷り込まれた自由さ。それは憧れだった。ときにアナーキーなものに映る発想が僕には心地よかった。

しかし僕はその決断をくだせずにいた。足かせになっていたのは、タイに暮らした経験だった。僕は学生の頃から、足繁くタイに通った。ときにこの国は桃源郷のように映ってもいた。その流れでバンコクに暮らしたのだが、その日々のなかでは見たくないものが見えてしまう。聞きたくもない言葉が耳に届く。宮古島の人々は、方言こそあれ、日本語を不自由なく使っている。タイはタイ語の世界だ。そこですら聞こえてきてしまうものが、宮古島ではもっとはっきりと僕の心に刺さってくるかもしれない。島は狭い。ちょっとしたことが一気に広がっていく。

タイの暮らしで学んだことは、その社会に深入りしないことだった。宮古島との距離を適度に保つことだった。いくら宮古島の暮らしに憧れても、足湯感覚を守ること。

いい湯でも肩まで浸ってはいけない。それが桃源郷に映る島で暮らす奥義という気がする。旅人にとっての桃源郷はそういう土地だ。

しかし頭でそうわかっても、宮古島の海と夕陽は圧倒的だ。そこに暮らす人々は、突き抜けるような自由を体のなかに抱えもっている。蠱惑の島なのだ。

翌日、僕は島の天ぷら屋でフリッターのような沖縄天ぷらとビールを買って、アダンの日陰に向かう。無口な老人と夕陽酒……。老人は今日もくるだろうか。

宮古島の路線バスを待つ

エーゲ海・パロス島｜ギリシャ

気負いのない静かな夜のなかで

新型コロナウイルスが世界を嵐のように吹き荒れていた頃、僕は何回か海外への旅に出た。それはあまりに不自由な旅だった。いや、旅といえるかどうか……。

まずタイに向かった。バンコクに着いたが、それからホテルの部屋から一歩も外へ出ることができない完全隔離を二週間経験した。そして帰国し、日本の家で自主隔離が二週間。隔離をするために出たような旅だった。

コロナ禍の旅だから、各国の入国規制を守らなくてはならない。毎夜、パソコンに向かって、各国のルールをチェックすることが日課のようになっていった。

そのなかでエジプトとエチオピアに向かった。入国規制が緩和されていたのだ。乗った飛行機はエチオピア航空だった。

ソウル経由便で、ソウルからアディスアベバまでは十一時間もかかる長いフライトだった。アディスアベバのボレ国際空港の空港ターミナルに入ったとき、僕は立ち止まってしまった。目を見開くようにして視線を動かす。防護服を着た人が誰もいなかった。皆、制服か平服である。そしてターミナルのなかには感染を防ごうとする緊張がなにもなかった。予防を怠っているわけではないが、人々の発想が違った。コロナ禍前のような普通の空港風景だったのだ。

成田国際空港やタイのスワンナプーム空港、そしてソウルの仁川国際空港が蘇ってくる。通路を走る防護服姿の人々。壁にべたべたと貼られた注意事項。ターミナル全体がぴりぴりしていた。そんなアジアの空港からやってくると、なにか別の天体に降りたったような錯覚すら覚えた。

それからアディスアベバの街、そしてエジプトのカイロを歩いた。空港で味わった開放感は、やがて確信へと変わっていった。アジアとアフリカは違う。おそらく欧米もアフリカに似た空気が流れているはずだ。

行ける……。

僕は世界一周のルートをつくりはじめた。各国の状況を再度確認していく。新型コロナウイルスへの対応は、その感染の広がりによって頻繁に変わっていた。

世界一周のルートを考えたとき、まずギリシャを調べた。季節外れかもしれないが、エーゲ海の島に行けないかと思ったのだ。

旅行作家という肩書きをもらっているから、たまにこんな質問を受けることがある。

「世界のどの国が好きですか？」

そんなとき、ギリシャと答えることが多い。意外だという顔が返ってくる。タイという答えを多くの人が予想しているからだ。あるいはアジアのどこかの国。僕はギリシャのことはあまり書いていないから、連想するのも難しいのだろう。

ギリシャは訪ねた回数は多くないが、僕にとっては、なぜかしっくりとくる国だった。タイという国は、ときおり、その発散するエネルギーに辟易とすることがある。アメリカの西海岸をはじめて訪ねたときは、あまりに明るい日射しと、無駄に明るい人たちに気圧されてしまった。そこへいくとギリシャの街を歩いていると、心が落ち着いているのがわかる。ひとりでぽつねんと旅をするならギリシャだった。

ギリシャの経済状況は厳しく、豊かさなどどこからも漂ってこない。それは停滞といってもいいのかもしれない。ギリシャはあまりに知られた歴史に支えられている。人々にはその自負もある。しかしいまのギリシャは、ヨーロッパのなかでは貧しい国に沈んでいる。実際、しばしば訪ねるタイより物価が安いと思うことがよくあった。

しかしその物価がギリシャ好きの要因ではない。街と僕の波長が合うといったら、抽象的すぎるだろうか。

タヴェルナと呼ばれる小さな食堂に入る。ワインを頼むと、店のおじさんはパンと一緒にランチョンマットをもってくるのだが、はじめてギリシャを訪ねた頃、それがわら半紙のような紙だった。ワイングラスは肉厚の安物だった。西欧のような大きくてガラスが薄いワイングラスではなかった。グラスではなくコップだった。店はしんと静まりかえっていた。貧相といってもいいようなヨーロッパだった。はじめの頃は、これがあのギリシャかと思ったものだ。そんな小さな食堂で、松脂の風味が少しするギリシャワインを啜ってみる。粗削りなその味が、ぎしッ、ぎしッと体に入り込んでくると、なにかほっとするから不思議だった。東欧ほど田舎ではないが、西欧ほど豊かではない。そのくせ頑固だった。古くなった車を修理しながら走らせているのに、誇りは失っていない。そんな国だった。それでいて、誇りを声高に語ることもない。地味なのに頑固。そして無口だった。

アテネのタヴェルナでは、客への気遣いなのか、店の主人がギターを手にギリシャ民謡を演奏してくれることがあった。しかしその旋律は切なさに彩られ、店で騒ぐような空気はどこからも生まれてこなかった。

そんな世界が僕には心地よかった。旅先の国に求めるものは、人それぞれだろう。僕はひっそりと歩くことができる国の優先順位が高い。トゥクトゥクがバリバリと音をたてて走る街は、実は敬遠してしまうタイプだった。

世界は新型コロナウイルスに揺れていた。心穏やかに旅ができる状態ではなかった。だからギリシャに行きたくなったのかもしれない。できればエーゲ海の小島がよかった。

エーゲ海の島というと、サントリーニ島やクレタ島といった有名な島の名前がまず挙がってくる。できるだけその種の島は避けたかった。ひっそりと旅をするなら、無名な小島がいい。そんな気分だった。

しかしコロナ禍の旅である。ギリシャ入国には、ワクチン接種証明だけでよかったが、事前にPassenger Locator Formをつくっておく必要があった。これは、ギリシャの水際対策だった。事前にワクチンの接種状況や健康状態を入力して送信。ギリシャ政府がチェックし、返信されたものだった。

入国時に無作為に検査をするというギリシャルールもあった。そこで陽性が判明すると、隔離施設に向かうことになる。

これまでもエーゲ海のいくつかの小島を訪ねていた。今回はパロス島にした。入国時の検疫をなんとかクリアーし、パロス島に向かうLCCのチェックインカウンターの前に立った。僕はそこで、パスポートと航空券、そしてプリントしたPassenger Locator Formをカウンターに置いた。

チェックインカウンターの女性は、僕が提示したパスポートや航空券、Passenger Locator Formを一瞥した。その内容も確認せずにこういった。

「ワクチン接種証明はありますか?」

「Passenger Locator Formにとり込みましたけど」

「いや、それではなくて、オリジナルの接種証明が必要なんです」

僕は慌てて、鞄のなかから、区役所から送られてきた紙の接種証明を出した。海外渡航用で英文も併記されている。隣を見ると、スマホを出している乗客が多い。ギリシャではワクチン接種証明がQRコード化され、皆、スマホにとり込んでいるようだった。しかしこの時期、日本はデジタル化まで進んでいなかった。つまり紙の証明書しかなかったのだ。

チェックインカウンターの女性は、その証明書をじっと眺めていた。

「ここで受け付けてくれなかったら、僕は飛行機に乗ることができない？」

不安が脳裡を走る。

一分、二分……。チェックに費やされる時間がやけに長く感じられた。女性スタッフは視線をあげた。

「OKです」

肩の力がスーと抜けていくのがわかった。

スタッフはそれからパスポートを開き、航空券に視線を落とした。

パロス島に渡っても、ワクチン接種証明提示を何回も出した。バスターミナルの売店で水を買うときも、提示を求められた。

着いた日の夜、港に面した一軒の店に入った。お決まりのワクチン接種証明のチェックがあった。店員は僕の証明書のQRコードをスマホで読みとろうとする。しかし何回やっても読み込むことができなかった。すると店員はこういった。

「申し訳ありません。読みとれないので、食事はできません」

いまになって思えば、それもギリシャだった気もする。妙なところで頑固なのだ。しかたなかった。港に沿った道を歩きながら、ワクチン接種証明を提示するだけで大丈夫という店を探した。三軒目だったろうか。老夫婦ふたりで切り盛りするレストランが、笑顔で受け入れてくれた。

観光客の少ない店だった。やってくるのは、近所に住むおじさんたちばかりだった。店の主人と世間話を交わしながらお茶かワインを一杯。そんな店だった。大きなモニターのテレビが一台。そこではサッカーが放映されていたが、音は消されていた。

静かな店だった。僕はそこでギリシャワイン、そして羊の乳からつくった大きなチーズが載ったギリシャサラダを頼む。音もない店の夜は心地よかった。僕のギリシャだった。

店の空気が暗いわけではないが、わいわいと騒ぐ世界でもない。ときおり港から汽笛の音が聞こえてくる。店の主人が、「ピレウスからのフェリーだよ」と教えてくれる。ピレウスはアテネの港だった。

冬のエーゲ海は風が強い。この店もテラス席をビニールシートで囲っていた。ときおり、めくれたビニールシートがぱたぱたという音をたてる。その音を聞きながらワインを啜る。もう少し食べようかとメニューをめくる。おばあさんにすすめられ、出された料理は、単なるウインナー炒めだった。こういうところもギリシャだった。滞在していると、唐突にヨーロッパの田舎が顔をのぞかせる。

僕はこの店をなんとなく気に入ってしまった。パロス島には三泊したが、毎晩、ここでワインを飲んだ。気負いのない静かな夜がありがたかった。

泊まっていた宿は、港にある店から坂道を十分ほどのぼったところにあった。途中の道が白壁のつづく狭い路地になっていた。出窓に鉢植えが置かれ、そこを進むと青と白がくっきりと浮きたつギリシャ国旗が揺れる小さな教会に出る……。そんな道だった。その脇の小径を歩くと、急に視界が開け。目の前に冬のエーゲ海があった。

この道は昼間、何回か通った道だった。しかし夜、ほろ酔いで歩くと、必ずといっていいほど道に迷った。わからなくなったら坂道をくだっていけば必ず海に出る街だったから焦るようなことはない。迷うことをどこか楽しむように路地を歩いた。頭のなかからコロナという文字は消え、ギリシャにきてよかったとひとり呟いていた。

やはりギリシャを歩いていると、心が穏やかになる。そんな世界に誘導してくれる。それはギリシャの人々が意図したことではなかったが。

ギリシャサラダとワイン

港に建つ小さな教会

サハリン―ロシア

輝く透明な空気と宮沢賢治

透明な空気を鼻腔で感じたくて旅に出たことがある。向かったのは厳冬のサハリンだった。

透明感のある世界に人は憧れる。桃源郷のイメージとシンクロするのかもしれない。

二十代の頃、僕はインドのコルカタにある安宿でだらだらしていた。夜になると、二階のテラスに誰が誘うでもなく、金のない旅人が集まってくる。宿のあるサダルストリートには、貧乏旅行者が集まる宿が何軒かあった。旅人は気まぐれに、「今日はパラゴンに行くか」「いやマリアがいいかも」などと会話を交わしながら、ゴミが散乱した路地を動きまわっていた。それぞれの宿には、牢名主のような男がいて、目的もなく集まる旅人を仕切っていた。

その夜、空のきれいな街という話題になった。

「やっぱりラダックでしょ。空気がものすごく澄んでいる。空は、青っていうより黒い」

「正確にいうと紫色……」

そんな話がハシシや安いウイスキーの周りをぐるぐるまわっていた。輪の隅で話を聞いていた青年が、翌日、宿から消えた。なんでもラダックに向かったという話だった。

それから二週間ほどして、その青年の訃報がサダルストリートに届いた。ラダックで体調を壊したようだった。

透明な空気はそれほどまでに人を惹きつけるのか。人のことはいえなかった。僕もそれを求めて成田国際空港から、ウラジオストク経由の飛行機に乗った。サハリンは戦前、樺太と呼ばれた。島のほぼ中間を走る北緯五十度より南側が日本領だった。その中心は豊原。いまのユジノ・サハリンスクだった。飛行機は凍てついたユジノ・サハリンスクの空港に到着した。

サハリンははじめてではなかった。ユジノ・サハリンスクやホルムスクは訪ねたことがある。今回はスタロドゥプスコエの海岸が目的地のひとつだった。日本時代は栄浜と呼ばれた。日本の最北端の鉄道駅があった。

一九二三年（大正十二年）、宮澤賢治がこの浜を訪ねていた。彼が童話や小説、詩に描く透明感のある空気に触れたかったからだ。

しかし厳冬のサハリンは寒かった。朝、防寒具で身を包んで戸外に出る。何日か滞在し、サハリンの空の青さは、寒さに比例していることを知った。気温が低くなるほど、空の青さが増す。その日はマイナス十六度だった。青い空が広がっていた。部屋を出ると、冷気が少しずつ体内に入ってくる。食道や肺が冷えていく感覚がわかる。ストレスを受けた体は、異物を外に出したいのか、何回か咳き込むのだが、脳だけは覚醒している。

しだいに寒さに溶け込み、視線をあげると、空気がきらきらと輝いている。屋根の上では雪が舞い、朝陽を反射している。この透明感はなんだろうか。

その瞬間、宮澤賢治の文章を思い出す。『銀河鉄道の夜』のこんな一説……。

「このぼんやりと白い銀河を大きないい望遠鏡で見ますと、もうたくさんの小さな星に見えるのです。ジョバンニさんさうでせう。」

宮澤賢治もこの透明な空気のなかを歩いたのだろうか。

スタロドゥプスコエに行くには、ユジノサハリンスクの駅前にあるバスターミナルから、マルシュルートカと呼ばれる中型バスに乗らなくてはならなかった。雪道を一時間ほど揺られると、ドリンスクという街に着く。かつて落合と呼ばれていた。このエリアの中心で、旧王子製紙の大きな工場があった。ドリンスクのバスターミナルで路線バスを探したが、なかなかみつからず、中国系ロシア人のおじさんが運転するタクシーに乗った。十分ほどでスタロドゥプスコエに着いた。目の前が海だった。オホーツク海である。砂浜に雪が積もっていた。浜の雪は冷たいオホーツクの海水に触れて、ザラメのように固まっていた。

「ここが栄浜……」

頬が痛いほどの風に晒され、宮澤賢治の世界に入り込んでいく。

宮澤賢治は連絡船・対馬丸に乗って宗谷海峡を渡り、サハリンのコルサコフ、当時の大泊に着いた。当時、賢治は花巻の農学校で教鞭をとっていた。その教え子の就職先を依頼することが、サハリン行きの一応の目的だった。旧王子製紙で働く賢治の先輩に就職の話を伝え、北に向かう。列車でスタロドゥプスコエをめざした。

賢治はその八ヵ月ほど前、妹のとし子を失っている。とし子は結核を患い、闘病生活をつづけていた。妹が息を引きとった日、彼は押入れの布団に顔をつけ、「とし子、とし子」と号泣したという。

スタロドゥプスコエへの旅を、「とし子の魂のゆくえを探す旅」と解説する専門家は少なくない。しかし「魂のゆくえ」などといわれても、あまりに抽象的でとらえどころがない。賢治は双極性障害だったといわれる。しばらく前まで躁鬱病といわれたものだ。そんな彼の心の揺れはなかなかわからない。

スタロドゥプスコエの浜で想像してみる。双極性障害とサハリンの空気がもつ透明感がシンクロした。そんな言葉のほうがしっくりとくる。

サハリンへの旅から帰った翌年、賢治は『銀河鉄道の夜』を書きはじめている。『銀河鉄道の夜』は、死後の世界を描いた童話といわれることが多い。銀河鉄道の乗客たちは、ひとりジョバンニをのぞいて、死者たちの魂だという解釈だ。作品のなかにも、

——ああ、ぼくたちは空に来たのだ。私たちは天へと行くのです。

という表現がある。死者は銀河鉄道に乗り、天上の世界に向かっていくという設定ともいわれる。そう考えると、『銀河鉄道の夜』はひどく難解で、いったいどこが童

話なのだと思えてくる。

しかし仮に死者たちが向かうのが天上の世界だとしたら、それは至福の空間のように思えてくる。列車の乗客は、カムパネルラをはじめとして、次々に列車を降りていく。その先に天上があるかのように列車から離れていく。その世界は、どこか桃源郷にも似ている。しかしジョバンニだけは、いつまでも列車の座席に座っている。

この着想を得たのはスタロドゥプスコエの浜ではなかったか、という研究者もいる。つまり列車を降りていったのは、妹のとし子であり、列車に乗りつづけているのが賢治自身であると……。

スタロドゥプスコエの浜で僕はそんなことを考えつづけていた。賢治の頭のなかをのぞくことはできないから、ときおり、カモメが悲しげな声を残しながら飛んでいく風景から推し量っていくしかない。

当時、ここから先へは日本の鉄道はのびていなかった。最北端なのだ。賢治はとし子の魂をここまで運んできたということなのだろうか。

人によっては、『銀河鉄道の夜』は怖ろしい童話という人もいる。読み込んでいくと、深みにはまってしまうと。

しかし僕にはそんな感受性がないのか、寝る前によく宮澤賢治を読んだ。たしかに読み込んでいけば、怖ろしい世界がぱっくりと口をあけているような予感があったが、僕はその前に眠くなってしまった。僕にとっては入眠書のひとつだったのだ。彼が童話や詩で描く透明感に触れて目を閉じる。それは悪くない感覚だった。突き詰めていけば、それは死とか天上につながっていく世界なのかもしれないが、穏やかな桃源郷への憧れで僕は満足していた。

訪ねてみたい街や土地は世界にいくつでもある。ときにそれは食べ物だったり、街の人々の笑顔であったりする。桃源郷に思える場所はそんな魅力をもっている。しかしスタロドゥプスコエの浜は、宮澤賢治という作家だけが導いてくれる世界だ。そんな空間が世界にはある。

中国系ロシア人のおじさん運転手に、一時間後に迎えにきてくれるように頼んでいた。予定の時刻より少し早めにきたおじさんは、ドリンスクへの道の途中で、ハンドルを右に切った。言葉はほとんど通じないが、なにかを見せたい様子がわかった。車が停まったのは、雑貨屋のようなカフェのような店だった。いわれるままになかに入ると、壁に戦前のドリンスク、つまり落合の街並みの写真が掲げてあった。店のおばさん店員が、写真を指さした。昔の日本の地方都市そのものだった。木造家屋が並び、なにやら日本語の幟も見える。

サハリンの戦後は大きく揺れた。日本の敗戦。南下するロシア軍。そのなかで悲惨な事件がいくつも起きた。そしていま、ウクライナに侵攻したロシアと日本の関係は不安定さを増している。しかしあのカフェには、戦前の写真がまだ掲げてあるはずだ。宮澤賢治はそういう土地で、魂の標榜を思い描いていた。その入口は、今日のようにきらきらと光る透明な空気だったのかもしれない。

戦前のドリンスク（落合）

スタロドゥプスコエの浜

第三章

水の桃源郷

——湧水に出合う旅

サマルカンド―ウズベキスタン

オアシスに立ち昇る桃源郷の幻影

桃源郷はどんな色彩の街なのだろうか。そんなことをふと思うことがある。きらびやかな赤や金色が躍る街？　いやそれは極楽？　人々が思い描く理想郷には、それぞれがイメージする色がある気がする。

旅の桃源郷の色？　思いめぐらしたとき、コックスバザールという街が浮かんでくる。本書では第五章でも登場するが。

コックスバザールはバングラデシュの南部にある。僕がつきあっているのは、そこに暮らすミャンマー系少数民族のラカイン人だ。バングラデシュは国民の大多数がイスラム教徒だが、彼らは仏教徒である。

僕はこの街の小学校の運営にかかわっている。この学校へ、日本の大学生を何人か、ボランティアとして連れていったことがあった。小学校が休みの日、大学生たちは近くのビーチに遊びに行くことになった。ホームステイ先の若い女性たちが同行してくれた。

学生たちが泊まっていた家からビーチまでは、オートリキシャで二十分ほどかかる。乗り込むまで見届けようと学生たちの宿泊先に向かうと、皆、家の前でオートリキシャを待っていた。そのときの若いラカイン人女性の服装に一瞬、戸惑ってしまった。ロンジーという筒形スカートにブラウスというミャンマースタイルの衣装だったが、その色が眩しいほどに派手だった。鮮やかなピンク色、濃い緑……。遠くからでもすぐわかるほどの原色を身にまとっていたのだ。Tシャツにジーンズという学生たちの姿はあまりに地味に映った。

なぜ、ここまでの原色を選ぶのだろうか。

それが民族の主張であることに気づくまで少し時間がかかった。

彼らは、コックスバザールという街では少数派だった。街を埋めているのは圧倒的にベンガル人が多い。そのなかでは民族を主張しなければ押しつぶされてしまう。原色の服装は精一杯の自己主張だった。

僕はコックスバザールという街が好きだ。この街の日々をラカイン人たちが支えてくれる。ベンガル人の世界から、仏教徒であるラカイン人のコミュニティに入ると、とろけるような安堵感がある。その感覚はバングラデシュのなかの桃源郷にも映る。

そしてそこには、ピンクや緑の原色が揺れている。

ウズベキスタンのサマルカンド。その街に揺れる原色を目にしたとき、コックスバザールで知った民族の自己主張とつながった。

サマルカンドの街で、最初に目を射たのは青だった。レギスタン広場――。世界遺産にも登録されているこの広場を囲むようにモスクや神学校が建っている。その前にある石段が、僕のお気に入りの場所だった。ここに座ると、建築群全体を見渡すことができた。左右と正面に神学校。その奥にドーム型のモスクがある。そこに埋め込まれたタイルが、透明な青を放っていた。とくに夕方の色あいには魅了された。空が少しずつ色を失っていくと、ドームの青色と一体化していく。そこまで計算したような色だった。サマルカンドの別名は、「青の都」である。空と一体化していく青いドームを眺めていると、素直に納得してしまう。

十五世紀に訪ねたスペインの宮廷人のクラビホはこんな言葉を残している。

「もし空がなかったら、このモスクが空の役割を担うかのようだ」

そこにはこんな意味も含まれているという。モスクをつくった王は、空すら支配しようとした不遜な王だと……。

レギスタン広場から眺める神学校とモスクは、圧倒的なイスラム建築だった。全体を眺められるように石段がつくられ、そこからシンメトリーに配置された建物群を眺

❶市場の色彩も豊かだった（ビビハニム・モスクの北側、ショブバザール） ❷神学校前で結婚式の前撮り？　新郎新婦がアトラス柄の衣装をまとっている ❸サマルカンドの家をのぞくと中庭。少女の笑顔があった ❹老人たちは広場でボードゲーム。男の服装はつまらない ❺住宅街に必ずあるのが、ノンというウズベキスタンのパンの店。焼きたては絶品の味 ❻神学校やモスクは大きい。近づくと圧倒される

める。

　昔から思うのだが、イスラム建築というものは、いくら眺めていても飽きがこない。アンコールワット、サグラダ・ファミリア、法隆寺、タージ・マハル……。数ある有名建造物はどれも圧倒的だが、十時間以上眺めていることができるか……という条件をつけると、イスラム建築が残ってくるような気がする。あくまでも僕の感覚かもしれないが、インドのタージ・マハルを眺めていたとき開眼した。

　小さな部屋に閉じ込められ、どのくらい耐えることができるかという実験の結果をある本で読んだ。イスラム教徒だった。彼らには、僕らがうかがい知れない才能があるのかもしれない。レギスタン広場もそうだった。いつまで眺めていても、飽きるという感覚が起きてこない。

　ぼんやり見ていると、広場を歩く女性たちの姿が見え、彼女らが身に着ける洋服の鮮やかな色彩が風に揺れていた。アトラスと呼ばれる伝統的な織物の柄だった。赤、黄、緑……万華鏡の世界のように原色が染め込まれている。その柄を身に着けるのは、若い女性だけではなかった。中年女性やおばあさんも、それがあたり前のようにアトラスの柄を好んだ。

その色彩を追っていくと、バングラデシュのコックスバザールの色彩に辿り着いたのだった。

民族？

そんな予感がした。世界の衣装を見ると、伝統の衣装は女性の服装に残されることが多い。女性の服装には、ときに主張が息づいている。それがアトラスという柄だった。その点、男は味気ない。ズボンとシャツという均一的な世界に支配されてしまった。

このアトラスという柄をまとっていたのは、ソグド人という民族だった。アトラス柄が気になっていた頃、サマルカンドの博物館を訪ねた。そこで一枚の絵を見た。ソグド人を描いたものだったが、そこでは男がアトラス柄のコートのような衣装を着ていた。男は貴族だったのかもしれない。とにかく、アトラスは男も着ていたのだ。

ソグド人……。聞きなれない民族かもしれない。あるときからぷっつりとその姿を消し、謎の民族とも呼ばれている。馴染みがないのも無理がないだろう。

ソグド人はこの一帯に住んでいたイラン系民族である。基本的にオアシスを拠点とした農耕民族だが、商売が得意で、定住をあまり好まなかったと歴史書には書かれている。彼らが信じていたのはゾロアスター教だった。拝火教ともいわれる宗教である。

彼らが世界史のなかで輝くのは、この一帯が交易路として注目された時代である。そう、シルクロードの時代だった。

シルクロードというと、ラクダやロバの隊商が乾燥した土地を何日も歩き、西へ東へと物資を運んだイメージがある。たしかにそんな隊商もいたのだろうが、シルクロードの交易の主流は、各オアシスにいるソグド人たちが、オアシスからオアシスまで物資を運び、そこから先は、また別のソグド人グループが運ぶというリレー方式輸送だったといわれる。そのほうがはるかに早く、物資は流通していった。つまり、ソグド人はシルクロードを支えた民族だったのだ。彼らの姿は、インドに向かった玄奘三蔵の記録にも残されている。

輸送を担う彼らは、唐の時代には中国にも入り込んでいた。荷物を受けとるソグド人ということだろうか。しかしイラン系で言葉も違う彼らは、城壁のなかに暮らすことはできず、外側に街をつくって暮らしていたという記録もある。

シルクロードの交易で力をつけた彼らは、やがて唐に攻め入ることになる。安史の乱である。ソグド系の安禄山の軍は唐に侵攻し、洛陽を陥落させる。平和な時代に慣れていた唐の軍隊の隙を突いたような進軍だった。

しかしもともとの軍事力では、唐が圧倒的に勝っていた。やがて建て直されて唐の軍によって安禄山の軍は敗走の道を歩むことになる。

歴史のなかでソグド人系の人々が、はっきりとした存在感を示したのは、七五五年から七六三年までつづいた安史の乱までだ。その先がぷっつりと途切れている。謎の民族といわれるのはそのためだ。

その後の研究で、安史の乱以降、ソグド人たちは、周辺の民族に吸収されていったことがわかってきた。中国化していった人も多く、安、史、石、康といった苗字は、そのルーツを辿っていくと、ソグド人に辿り着く可能性があるという。

以前、タジキスタンで、ソグド人の末裔の村を訪ねたことがあった。シルダリア川の上流の険しい山のなかにある寒村だった。肌の色は浅黒く、どこか外の世界と接することを避けているような空気すらあった。

彼らが周辺民族に吸収されていったのは、西側からのイスラム勢力の圧力があったからともいわれる。シルクロードが通っていた一帯はいま、イスラム系の世界だ。サマルカンドで日がな眺めていたレギスタン広場の建造物は、イスラム建築そのものだ。

しかしその世界に、アトラスというソグド人の柄が入り込んでいる。

ゾロアスター教を信ずるソグド人は快楽主義者だったと伝わっている。音楽と酒をこよなく愛する人々だったと。彼らはブドウ棚の下で、毎日のように宴会を開いていたのかもしれない。

イスラムの社会には戒律がある。酒を飲むこともできない。中央アジアのイスラム社会は、中東などに比べるとはるかに寛容だ。しかし日々の祈りは必ず行われる。日本から訪ねると、ときに堅ぐるしさも覚える。

そんな世界からアトラスの柄を眺めると、千五百年近い昔、オアシスには、アトラスという原色柄の布が揺れ、のびやかな音楽と一緒に酒が入った器がまわってくるような世界があった気になってくる。そのイメージは桃源郷という言葉とだぶってくる。

レギスタン広場の石段に座りながら、そんな時代を夢想してもみる。

レギスタン広場の眺め

シルクロード｜中央アジア

井戸の水が旅路をひらく〝水の道〟

東洋と西洋を結ぶシルクロード。ラクダを牽いた隊商が、熱砂のなかを進む厳しい道のり。そんなイメージを胸に、何回かシルクロードを歩いた。

二十七歳のとき、勤めていた新聞社を辞めて長い旅に出た。ヨーロッパからアフリカを巡り、パキスタンに入った。パキスタンではペシャーワルからカイバル峠を越え、アフガニスタンとの国境まで足を向けた。ロシアがアフガニスタンに侵攻している時期だったが、パキスタンとアフガニスタンの緩衝地帯の手前まで行くことができた。

国境ぎりぎりのところに、パキスタン政府が運営するゲストハウスがあった。そこに一泊した。現地の人たちは、国境のバーをひょいッとあげ、パキスタンとアフガニスタンを行き来していたが、日本のパスポートをもった僕は、バーを越えることはできなかった。

僕はカイバル峠からつづく道に落ちていた石ころをひとつ拾った。それで満足だった。

アフガニスタンに入国できるとは思っていなかった。僕はその道に立ってみたかっただけだっだ。そこはシルクロードのメインルートとは違うが、たしかにシルクロードだった。アレキサンダー大王は、この道を通ってインドに進軍した。

その道に立った。

石ころはシルクロード土産だった。

考えてみれば、僕は若い頃からシルクロードファンだった気がする。その道を歩くことは憧れの旅でもあった。

シルクロードにはいくつかの道がある。その呼び方はいろいろあるが、いまのタクラマカン砂漠の南側を通る西域南道、タクラマカン砂漠の北縁を進む天山南路、そして天山山脈の北側につくられた天山北路がメインだろうか。

西域南道が最も古いが、気候の変化で乾燥化が進んだ道でもある。その道に近いロブノール湖は幻の湖として知られている。三蔵法師、そう玄奘三蔵がインドに向けて通ったのが天山南路。そして最も運ばれた物資が多く、シルクロードの繁栄を享受したのが天山北路である。

カイバル峠の道でシルクロードの土を踏んだ僕は、やがて、天山南路、天山北路に分け入っていくことになる。天山南路を西に進み、カシュガルからパキスタンに抜けたこともあった。

天山北路をはじめて歩いたのは一九九〇年代の後半だった。天山北路は、カザフスタン、ウズベキスタン、トルクメニスタンといった中央アジアの国々を通っていた。

これらの国が旧ソ連の崩壊を機に独立したのが一九九一年。ＣＩＳという独立国家共同体に属していたが、独立から年月はそれほどたってはいなかった。各国のビザをとりつつ進まなければいけない状況だった。そのビザのルールもはっきりしていない時期だった。

ウズベキスタンに入国するために、カザフスタンのアルマトイにあったウズベキスタン大使館に向かった。しかしビザ取得には一週間ほどかかった。待っているうちに、カザフスタンの滞在許可の期限がきてしまう。

「どうしようか……」

同行したカメラマンと一緒に大使館を出た。当時のアルマトイは、中央アジアの地方都市風情で、大使館前の道は未舗装路だった。

ふと見ると、そこに井戸があった。

暑い時期だった。中央アジアの気候は寒暖差が激しい内陸気候である。冬は雪が降るというのに、夏は気温四十度を超える。その夏真っ盛りの時期に天山北路を歩いていた。水をどう確保するかは旅を左右する。井戸に目がいったのはそんな理由もあったと思う。

「水でも飲むか……」

どうすればウズベキスタンに入国できるかわからなかった。ビザの発給を待っていたら、カザフスタンでオーバーステイになってしまう。

カメラマンが井戸のハンドルを何回か上下に動かした。勢いよく水が出てきた。それを手で掬い、ぐびぐびと飲んだ。

生き返った気分だった。ビザの問題はなにひとつ解決されていなかったが、水の味は、そういったトラブルをなにも知らないかのように体に染み込んでいく。

カメラマンと交代し、僕がハンドルを押した。カメラマンもほっとひと息ついたかのように顔をあげ、口の周りを拭った。

「シルクロードって乾燥地帯を通っているから、水はあまりないエリアかと思ってました。こんな井戸があるんですね」

僕はそのとき、はじめてオアシスというものの意味を知ったような気がする。

天山北路は草原の道とも呼ばれるが、僕にとっては水の道に映った。オアシスに辿り着けば、体に優しい水がある。

結局、ビザはとれず、僕とカメラマンはウズベキスタンに密入国になってしまった。しかし問題はなかった。泊まったホテルに相談すると、書類をつくってくれた。それをもって入国管理局にいくと、お咎めひとつなく、パスポートにビザスタンプが捺された。しかしその先のトルクメニスタンが待ち構えていた。ウズベキスタンのタシケントでトルクメニスタン大使館に電話を入れたのだが応答がない。何回かけても同じだった。

「休んでいるんだと思います。いつ開く？　それはわからない」

再び密入国になってしまった。しかしトルクメニスタンは、ウズベキスタンのような手つづきをとることができなかった。国境警察官の自宅に軟禁状態という憂き目を味わうことになる。

当時、中央アジアの国々を、天山北路に沿って陸路で進もうとすると、こんな状況に陥ってしまったのだ。いまだから冷静に語れるが、その渦中にいた僕は不安だらけの旅だった。シルクロードを辿る旅はなかなか難物だった。

そんなトラブルの賜物というわけではないが、少しずつ天山北路を西に進みながら、毎日、井戸水を飲んでいた。そしてそのたびに心が満たされていた。

天山山脈に積もった雪は地中に染み込み伏流水になり、くだっていく。その水が湧出するのが、このあたりの井戸水だった。

この旅は、中国のウルムチからバスで西に向かうところからはじまっていた。カザフスタンに入る頃から、南側に頂に雪が積もった天山山脈が見えはじめた。道の沿道にはいくつもの湖があった。ウズベキスタンに入ると、そこがリゾートのようになり、水着姿の若者の声が聞こえてきた。この水も天山山脈からの雪解け水だった。

この水で木々が育ち、小鳥を呼び、日陰ができ、人が暮らす場所ができあがっていく。それがオアシスだった。ウルムチやアルマトイ、タシケントといった大きな街もオアシスなのだが、バスや列車を使い、天山北路を西へ、西へと進んでいくと、半日、いや三～四時間にひとつといった割合で小さなオアシスが現れた。人口は百人にも達しないような小オアシスである。列車に乗っていると、この規模のオアシスは通りすぎてしまうが、バスはときどき、小さなオアシスの道端で小休止をすることがあった。

乗客たちは暑さに疲れた顔で、ぞろぞろとバスをおり……向かう先は井戸だった。そこに列をつくり、井戸水で手足や顔を洗い、湧きでる水を口に含む。井戸から掬った伏流水は、ほっとするほど優しい味をしていた。

かつて、ラクダやロバに荷を積んで進んだ男たちは、この水を支えに進んでいったのだろう。たしかに乾燥地帯を進むときはつらいかもしれないが、「もう少し歩けば水がある」という思いで足に力を入れたのに違いない。伏流水で体を洗い、その水で体を潤す。その旅は、水ということでいえば、意外に贅沢な旅ではないかとも思えてくるのだ。

遠くにオアシスが見えてきたときの思いを想像してみる。彼らにとって、オアシスはまぎれもない桃源郷だったはずだ。

この水があったから、天山北路は栄えていった。シルクロードは水の道だと、水を飲むたびに思うのだった。

　中央アジアの国々は、旧ソ連崩壊後のロシアという国と、うまくつきあっていかなくてはならなかった。中央アジアに残された産業は、社会主義時代の残影のような劣化した非効率なもので、とても使いものにならなかったという。旧ソ連の銀行に預けた金の多くは戻ってこなかった。

「独立というのはゼロからスタートすることでしょ。でも、中央アジアの独立は、マイナスからはじまったんですよ」

　中央アジアの人々がよく口にする言葉だった。現金収入を求めて、多くの人がロシアに出稼ぎに向かった。彼らからの送金で中央アジアの国々は少しずつ、国の形を整えていった。

　年に一回や二回、彼らは生まれたオアシスに戻ってきたはずだ。オアシスに戻ると、それが儀式であるかのように、井戸水で顔を洗い、水を飲む。その姿は、かつての隊商の男たちと少し似ている。

カシュガルの旧市街

ローイクラトン―タイ

水が想いをつなげる親水の民の祭り

タイ、とくにバンコクの水道水はまずい。ガイドブックにも飲まないようにと書かれていることが多い。

世界の国を眺めたとき、その土地の水質を地形から推測することができる。山がちの土地の水は良質だ。雨や雪が土に染み込み、浄化されて湧き出る水を使っていることが多いからだ。しかし川の河口に広がるデルタ地帯にある街の水はいただけない。

世界の大都市は、このデルタ地帯に広がっていることが多い。都市の機能性を追及していった結果である。大都市に暮らすということは、まずい水というストレスを抱えることでもある。バンコクはその典型だと思う。

おそらく欧米の文化人類学者だと思うが、彼はタイ人を「親水の民」だと記した。タイ社会でのフィールドワークのなかで浮かんだ言葉だと思う。水道水はまずいが、親水の民だと……。

タイにタムブン旅行というものがある。雨季が明けた頃、仲間や会社、町内会といった単位で、地方の寺に寄進に出かける。それをタムブン旅行という。

タムブンというのは、タイ語で「徳を積む」という意味である。それが転じて「寄進をする」という解釈になる。徳を積むということは、寄進によって得られるという発想である。

タイ人の家に下宿をさせてもらい、タイ語学校に通っていた頃、下宿のある家の近所の人たちでタムブン旅行に行くことになった。僕もその旅行に加えてもらった。バンコクからバスで四時間ほどの寺に行くことになった。寄進に対して、寺は食事と宿泊場所を提供してくれる。宿泊場所といっても、本堂に大きな蚊帳を吊り、そのなかで雑魚寝というスタイルである。

寺に着くと、脇を流れる川で水を浴びる……といわれた。

「川で？」

「タムブン旅行って、なんとなく昔からある儀式っていうか。昔は水道がなかったから、皆、川の水を浴びた。それが伝統みたいに残っているんですよ。タムブン旅行のときは、川で水を浴びるのが儀式というか……」

下宿の向かいの家のおじさんが教えてくれた。川で水を浴びたことはなかった。いわれるままに布を体に巻いて、川に入った。タイだから水温は低くないが、生臭いにおいがする。川底はぬるぬるとすべり、体を洗うどころではなかった。

川からあがると、境内にテーブルが並び、夕飯が用意されていた。酒を飲んでもいいらしい。テーブルにはメーコンというタイのウイスキーが三本も並んでいた。すべて寺が用意したものだった。

体を拭いて服を着てテーブルに座った。タイだから夕暮れどきになっても気温は三十度近くある。食事をはじめると体温があがる。アルコールも手伝って、体が火照ってくる。

体が生臭かった。川の生臭い匂いが体を伝って這いあがってくる。不快だった。耐えられないほどではないが、すべてが生臭く感じてしまう。僕は席をはずし、寺の浴室に入った。そこには水道水を溜めた瓶があった。その水を、ざばざば体にかけた。生臭さはなかなか消えなかったが。

川に入ったとき、生臭さと一緒に親水の民という意味が少しわかった気がした。しかし水に親しむことは儀式としてしか残っていないような気がした。

儀式——。タイの結婚式でも水は欠かせないアイテムだった。知り合いの結婚式に呼ばれたことがあった。場所は中部タイ。前日に向かい、披露宴の前に寺で行われる式に参加した。

事前にその段どりは伝えられていた。

「式がはじまると、新郎新婦の手に水をかけてあげる儀式がある。そのとき、お祝いの言葉を伝えながら、水を流すんですよ」

「水？　お祝いの言葉？」

「水は寺が用意してくれた聖水です。お祝いの言葉は、末永く幸せに……といったものですね」

僕は結婚式がはじまるまで、お祝いの言葉のタイ語を何回も繰り返した。

寺に入ると、ひな壇のようなところに、白いモーニング姿の新郎と、白いウエディング姿の女性が並んで座っていた。参列者は列をつくる。新郎新婦は互いの掌を合わせるようにして、水をかけられるのを待っていた。

僕の番になった。前の人から、水が入った銀色の器が渡された。それは小型のじょうろのような形をしていた。少し傾け、ちょろちょろと手に水をかける。その間に、お祝いの言葉。ちょっと緊張した。

水をアイテムにした儀式はタイには多い。いつだったか、テレビのニュースを観ていると、タイ国際航空が新型の大型飛行機を買ったニュースが流れていた。寺から僧侶が招かれ、まっさらなシートに向けて、銀色の器に入った水を手で振りまいていた。おそらくその水も聖水なのだろう。日本だったら、神社の神主が飛行機に乗り込み、安全祈願の祝詞をあげるようなものに映った。もっともタイ人が信じる仏教は、日本では小乗仏教といわれることが多い上座部仏教である。現世利益とは無縁の、どこか哲学に近いものがあるのだが、新しい飛行機のなかで水を撒く行為とどう折り合いをつかせるのだろうか、などと僕は考えてしまったが。

水の儀式といえば、水かけ祭りである。タイではソンクラーンと呼ばれる。仏陀が生まれた四月十三日、仏像に水や甘茶をかけて清めることからはじまった儀式というか祭りなのだが、タイ人の関心は、その先にある、誰彼となく水をかけあって祝うシーンが広まってしまっている。僕も何回かこの水かけ祭りは体験している。寺では聖水の入った容器から水をぱらッとかける程度のおとなさしさだが、街へ出ると、あちこちで見境なく水をかけあう世界に巻き込まれてしまう。水をかけられた後は、「ありがとうございました」と頭をさげるのがしきたりなのだが、店に入り、後ろに立った店員から、ふいに頭から水をかけられると、正直なところ、ムッとくる。シャツはもちろん、パンツまで水浸しになってしまい不快でもある。しかし、「ありがとうございました」といわなくてはならないことに理不尽さを感じてしまったりする。

この時期はタイがいちばん暑くなる。屋外で水をかけられても、気温が四十度近いなかではそれほど苦にはならない。濡れた衣類もすぐに乾く。しかしバンコクは冷房が普及しているから、店内で水浸しになると、しだいに寒気《さむけ》すら感じてしまうのだ。

この水かけフィーバーは、世界からやってきた観光客にも大人気で、皆、水鉄砲を手に路上にでる。日頃のストレスを発散させるかのように、通る人に水をかける。タイの悪ガキたちも、一気に目を輝かせ、大量の水が入ったタンクを背負い、そこからパイプでつながった水鉄砲を手に物陰に潜む。それを知らずに通る人たちに水を浴びせる。あれはかなり頭にくる。

この水かけが激しくなると、車の通行にも支障をきたしてしまうので、バンコクでは水かけOKエリアを設定するようになった。メインはシーロム通り。外国人向けにカオサンも水かけが許されている。このエリアに向かう若者たちは、カッパを着てゴーグルで目を覆い、スマホは濡れないようにビニール袋に収め、まるで戦場に向かう兵士のように路上を闊歩することになる。

しかし彼らの顔を見ると誰もが輝いている。水はどこかで儀式と結びつき、「昔ながらの……」といった冠詞がつく世界が一気に現実の世界に登場してくる。彼らは水を手にすると、なにかのスイッチが入ってしまったかのように豹変し、水をかけあう。それを目にすると、親水の民という言葉がリアリティをもって浮かんでくるのだ。

水かけ祭りではないときも、しばしばそんなシーンに出くわす。たとえば路線バス。始発のバス停の車内で出発を待っていると、突然、スコールに襲われることがある。水しぶきがバスの屋根まで飛び跳ねるような激しい雨に見舞われることもある。乗客は窓を閉めて、「運がよかった」などと呟くことになるが、車掌はそういうわけにはいかない。ずぶ濡れになってバスに飛び込んでくる客に切符を売らなくてはならないし、運転手にいわれてバスの外に出、周囲の水の溢れぐあいをチェックする仕事もある。

路線バスの車掌は女性が多い。彼女らは傘もささずに外に出ていく。日本だったら、「車掌も大変だね」などと思うのだが、制服はぐっしょりと濡れ、パーマをかけた髪はちりちりになり、ぽたぽたと水が落ちるような状態で戻ってきた若い女性の車掌の顔が、うれしくなるぐらいに輝いているのだ。雨に打たれたことが、まるで楽しいことだったようにしゃきっとしてくる。車内に戻ると、さっと靴を脱ぎ、裸足になって、乗客に切符を売る。それまでのだらだらした動きとは打って変わり、飛び跳ねるように車内を歩く。

そんな光景をぼんやり見ていると、つい、

「タイ人だな」

と呟いてしまう。親水の民だと確信する。タイ人は雨に濡れることが、楽しくて、楽しくてしょうがない民族ではないかと思えてしまうのだ。

水をアイテムにした儀式の背後には、こんな親水の思想が潜んでいることを、激しいスコールが教えてくれる。

毎年十一月の満月の夜、タイではローイクラトンという祭りが開かれる。クラトンは灯籠、ローイは流すという意味だから、日本流にいうと灯籠流しである。ときに精霊流しと訳されるが、霊とは無関係。豊年祭といった意味あいが強い。

灯籠を流すわけだから、人々が集まるのは川か湖である。最寄りの駅に降りると、水辺への道端に、クラトンを売る店が並ぶ。見るとその裏では、クラトンをせっせとつくっている。

タイ人はどちらかというと事前に段どりをつけて用意をするのが苦手な人々だと思う。だいたいが直前になって慌てて準備をする。しかしこの泥縄式用意の世界では無類の能力を発揮して、終わってみれば、なんとかなっているということが多い。クラトンも同じで、事前につくることはあまりしない。クラトンはバナナの幹や葉でつく

❶ローイクラトンが行われる川沿いには大きなろうそく。タイの民族衣装を着た女性が火を灯していく　❷彼女はたぶん高校生。学校で選ばれたミス・ローイクラトン？　❸クラトンを流しにチャオプラヤー川にやってきた学生たち。船が近くを走ると波が起き、灯籠をなかなか水に浮かべることができない

ることが多い。輪切りにしたバナナの幹の周りを葉で飾り、中央にろうそくを立てるスペースをつくる。流すと最後にはゴミになってしまうので、最近では麩でつくったクラトンも登場している。麩は魚たちのエサになるので、ゴミにならないというわけだ。

人々はそんな店でクラトンを買い、水辺で浮かべる。水に手を入れ、ぱしゃぱしゃと動かすと、クラトンはゆっくりと岸を離れていく。

祭りといっても、日本のように神輿が出たり、夜店が並ぶようなことはない。音はほとんどなく、人々は揺れるクラトンに向かって手を合わせる。その姿を見ていると、クラトンに手を合わせているより、水に向かって感謝しているかのように映る。

そんなときも親水の民という言葉を思い出す。タイは水を中心にまわる桃源郷ではないかと思えてくる。

バンコクは人口が一千万人を超える大都会である。道には車がひしめいている。しかしロークラトンの夜、人々は仕事を終えるといったん家に帰り、身づくろいを整えて水辺に集まってくる。水に対して礼儀をつくすような感覚なのだ。

そんなタイ人の感性を僕は気に入っている。水に感謝するということは、人生に手を合わせることだといっているかのようだ。その思いをつなぐものが水なのだ。

バンコクの水はまずい。しかしその水で草木は育ち、そのなかで魚が生きる。満月の夜にその水に触れる。それがローイクラトンの祭りである。都会のなかにふっと生まれる水の桃源郷。見あげれば満月。雨季の雨を蓄えた川をゆっくりと流れていく。

タイ人の心の裡には、そんな水がしっかりとしまわれている。まんざら捨てたものではないといつも思う。

バンコクのルンピニ公園

祈りのローイクラトン

安曇野―日本

日常の行為のなかに潜む桃源郷

僕は信州で生まれ育った。生まれは松本。父親の転勤で転々としたが、故郷といわれると松本だと思っている。いま、実家は安曇野にある。両親が松本から少し離れた安曇野に家を建てただけのことで、松本の郊外に実家があるという感覚である。

松本周辺で育ち、僕はある能力を身に着けた気がする。水がわかる体になったように思うのだ。水がわかる舌ではない。水がわかる体。そう、水は体で味わうものだという意識がある。

日本は軟水の国である。厳密にいうと、沖縄は硬水エリアだが、本土は軟水に支配されている。山が多い地形なのだ。水にはさまざまな有機物が溶け込んでいる。本州のほぼ中央を横切る北アルプスの麓で育ったということは、圧倒的な軟水が細胞にとり込まれたことを意味する。飲み水に関していえば、日本人の本流を体にとり込んでいる気がする。

松本周辺や安曇野は湧水が多い。いまは使っていない家が多いが、古い家には庭に井戸があることが珍しくない。少し掘れば水が湧き出る土地ということだ。北アルプスに降った雪は解けて地中に流れ込み、伏流水になる。それが扇状地の低いエリアや途中で湧出する。

湧水が多いエリアで育ったが、湧水や井戸水を毎日飲むような生活を送っていたわけではない。飲むのは水道水だ。しかし松本や安曇野の水道水は、そのベースが湧水なのだろう。安曇野の実家に帰ると、いまでもまず水道水を飲む。やはり優しい味がする。この一帯の水は、おいしいという表現がしっくりこない。優しい味なのだ。それを僕は識別できる気がする。湧水に反応する受容体が体のなかにしっかりととり込まれていて、その水が体に入ってくると、確実に反応する。

食通ならぬ水通という言葉はないと思うが、自分のなかでは、湧水をしっかり飲み分けることができる自負がある。

僕は海外に出向くことが多い。行った先々で、当然、水を飲む。日本のガイドブックには、だいたい現地の水道水は飲まないように……と書かれている。店で買ったミネラルウォーターを飲むように、と。

しかし僕はそのアドバイスを無視することが多い。安全な水かどうか識別できる能力があるような気がするからだ。この自信が危ないのかもしれないが。

以前、タイのチェンマイの北、チェンダオという街で行われたイベントを手伝ったことがあった。このエリアに住む少数民族と沖縄の民謡やエイサーの交流イベントだった。

東京の中野を中心とした沖縄出身の人たちや民謡、エイサー好きのグループとは繋がりがあった。打診してみると、みんな身を乗り出してきた。祭りの主催者側が費用を負担するわけではない。飛行機代や滞在費は自腹になる。それでも行きたいという。この話にチェンダオの街も湧き立ち、チェンダオの市長との会見まで設定され、話はどんどん大きくなっていった。日本からチェンダオのイベントに参加する人たちは五十人を超えた。僕はその引率役になってしまった。

最初にチェンダオの市役所前で、エイサーを披露した。市の肝入りだから、警察官が簡単に車を止めてくれる。そこから祭りのメイン会場のキャンプ場に移動した。場所はチェンダオ山の麓だった。

暑い日だった。周囲を木々に囲まれた会場に入った。近くにキャンパー用の水道があった。空になったペットボトルにその水を入れてぐびぐびと飲んでみた。

「……ん？」

体が反応した。それは正直なところ快感ではない。悪寒に近い。体が寒さで震えるような感覚に近い。土のなかを流れ下ってきた湧き水の味……。信州の安曇野の水に通じていた。

水の受容体との反応が収まると、水が一気に優しくなる。僕は再び、ペットボトルを口に運んだ。水を飲むことがうれしかった。すっと疲れが飛んでいった。

タイでもこういう水が飲める場所がある……。

海沿いのバンコクを離れ、チェンマイまで北上し、さらに山に近づいていく。それは水を求めていく道筋でもあった。

後になって、チェンダオの湧き水からつくられる水が売られていることを知った。

インドのジャンムーでスリナガル行きのバスを待って二日ほど滞在したことがあった。スリナガルへの道で土砂崩れが起き、その復旧を待っていた。まだ暑い日がつづいていた。バスを待つだけだからすることもない。街のなかの公園でぼんやりしていた。

喉が乾いたが、近くにミネラルウォーターを売っている売店もない。見ると、公園の隅に水道があり、オートリキシャの運転手がその水で顔を洗い、その後でその水をおいしそうに飲んでいた。

水道の水……。僕はそれまでミネラルウォーターを買って飲んでいた。「インドの水道水は飲んではいけない」という記述をガイドブックに見たわけではなかった。しかしインドである。当然のことのように、水道水は危ないと思い込んでいた。

しかし考えてみれば、ジャンムーは山に近い。めざすスリナガルからさらにのぼっていけばラダックである。その先にはヒマラヤが待っていた。ヒマラヤに降った雪が解け、伏流水になってこのあたりを潤している可能性もあった。

いや、それ以前に暑かった。僕は水道に歩み寄り、蛇口を捻った。勢いよく出てくる水を手で受けて飲んでみた。

体がぎしぎしと反応しているのがわかる。ゾクッとするような寒気ともいえない違和感。そして水のＤＮＡが受容体にピタッとはまるような満足感……。その水道水が、雪解け伏流水の因子を内包していた。なんの根拠があるわけではないが、

「この水は大丈夫だ」

そんな確信が浮かんできた。インドでも水道水を飲むことができる。山が近ければ、インドであっても……という思いだった。

僕の体に伏流水の受容体を埋め込んだ松本や安曇野にはしばしば出向く。安曇野の実家には、九十歳を超える母親がひとりで暮らしているからだ。そして時間ができると、湧水ポイントに出かける。

安曇野の湧水ポイントのひとつに、JR大糸線の柏矢町という駅で降りて十五分ほど歩いたところに、「名水百選　安曇野わさび田湧水群」という場所があった。訪ねてみることにした。ポイントは簡単にみつかった。看板があり、その奥に小さな池があった。この一帯は湧水地点が多くある。実際は松本から安曇野にかけて、数えきれないほどの湧水ポイントがあるのだが、ここの一帯は、わさび栽培にその水を利用していることから有名になった。

最も有名で観光客が多いのは、少し先にある「大王わさび農場」である。ちょっと

湧水を利用してわさびが育てられている。わさびも軟水をとり込む？

「名水百選 安曇野わさび田湧水群」の池。この水を飲んでみた

そこは避けたかったので、柏矢町という小さな駅に近いわさび田にした。安曇野の農家が並ぶ集落の近くに、その湧水ポイントはあった。誰もいなかった。二月の信州。まだ春は浅い。雪も残っている。観光客がやってくるのは三月、いや四月ぐらいからだろうか。

わさび田の小さな池をじっと眺める。ときどき水泡があがる。伏流水が池の底から湧き出ているのだ。そのとき、小さな泡も一緒に湧き出てくる。

本当はいけないのだろうが、その湧水を掬って口に含んでみた。

優しい軟水である。

あの感覚が蘇ってくる。

実家で水道水は飲んでいるのだが、湧き出る水をそのまま飲むと、なにか水の濃さのようなものが違うことがわかる。悪寒に近いいやな感覚は、僕の体が答えていることがわかる。DNAが反応しているのだ。

どこにもあるような農村の一角に、伏流水が湧き出ている。その流れに沿ってわさびが植えられている。やはりこのあたりは、伏流水の桃源郷だと思う。

水を飲むという日常の行為のなかに、桃源郷が潜んでいる。それはこの土地に育った僕だけが味わえるものなのかもしれない。

しかし人には必ず、ＤＮＡに刷り込まれた環境というのもがあるはずだ。ある人にとっては、それは空気かもしれない。風のにおいという人もいる気がする。たまたま僕は伏流水だった。

桃源郷というものは、そんなふうに、人の体のなかに潜んでいる。故郷とは実はそういう世界なのかもしれない。わさび田の水を口に含みながら、そんなことを考えてもみる。

気泡があがる湧水の池

第四章

刻まれる歴史

——翻弄される時代のなかに桃源郷

香港｜中国

茶餐廳の椅子に座りながら

香港の茶餐廳《チャツァンテン》のテーブルにつくとなぜか落ち着く。そういうと、静かな店とか、外庭の緑にほっとする……といった言葉がその先につづくのが予定調和というものかもしれない。しかし茶餐廳はまったく違う。猥雑な香港の繁華街にまるで苔のように構える店で、店内もざわざわしていることが多い。テーブルとテーブルの間も狭く、混みあってくると相席は当然の流れだ。

店員も概して愛想がよくない。表情ひとつ変えずに、淡々と注文を受ける人が多い。僕は中国語はわからないが、香港の人が口にする広東語と、大陸の人が使う普通話《プートンファ》の違いは耳でわかる。ときに普通話の店員もいる。大陸からの出稼ぎかとも思う。

営業時間は長い。早朝から深夜まで。二十四時間営業の店もある。休憩時間があるわけではない。客はいないと、コックは店の前で煙草を喫《す》いながら休んでいたりする。

つまりは完全な大衆店なのだ。

茶餐廳をどういったらいいだろうか。メニューは多い。中華が中心だが洋食もある。さすがに和食には出合っていないが。その間口の広いメニューをあてはめると、ファミレスだろうか。しかし家族連れはあまりいない。外から眺めると、駅前の安い居酒屋風情でもある。しかし日本のようにチェーン店化は進んでいないように見える。

なぜこの茶餐廳が落ち着くのかといえば、それほど深い意味があるわけではない。香港でいちばん多く入っている食堂だからだ。いつしか、ここが僕の香港になってしまった。

香港はよく訪ねた。若い頃から、もう数えきれないほどだ。僕はこの街から、旅とか自由といったものを学んだ気もする。しかしはじめから、そんな意識で香港を歩いていたわけではない。

視覚に刻まれている香港はステレオタイプである。二階建てのバスから眺める看板。スターフェリー乗り場あたりから眺める香港のビル群。ビクトリアピークから見おろす一〇〇〇万ドルの夜景……。香港を訪ねると、いつも泊まる重慶マンションのゲストハウスに荷物を置き、まずスターフェリー乗り場あたりに向かう。そこから香港島のビル群を眺め、香港に来たことを確認することはよくあった。しかし香港に着いた儀式はそれまでで、その先は茶餐廳の世界に入り込むことになる。

茶餐廳に入り、注文するまでは少し時間がかかる。メニューが中国語ということもあるのだが、その組み合わせや、コーヒーが一元割り引きといったサービスがかなりあり、それを読み解いていくのに時間がかかる。メニューの全容を把握しているわけではないので、ランダムに料理名を眺め、どんな料理かと想像する。香港の漢字世界は、わかるようでわからないことがしばしばある。

朝食は比較的簡単に決まる。パン系やマカロニ系かで分かれる。マカロニ系？　そう、香港の茶餐廳の朝食定番メニューはマカロニスープなのだ。これもトッピングを目玉焼きにするか、ウインナーにするかなどで料金は変わってくる。

マカロニスープ――。これが茶餐廳の世界に分け入っていくきっかけだったといってもいい。

朝、茶餐廳のテーブルに座る。周りにいる乗客が食べている料理を観察する。多くがマカロニスープ。これはいったいなんなのか。好奇心も手伝って注文することになる。出てきた丼には、スープのなかにマカロニが浮いている。テーブルに置かれたレンゲでスープをひと口啜る。

「まずッ」

それが第一印象だった。まずいというより、スープに味がないのだ。これはいったいなんなのだろうか。マカロニも食べてみる。ふにゃふにゃになるまで煮込まれている。日本にいて、マカロニを食べる機会はそう多くないが、もう少しアルデンテといいうか、歯ごたえがある。しかし茶餐廳のマカロニは、それがマカロニである必要がないと思えるほど実態がない。

しかし周囲の客の大半はマカロニスープなのだ。人によっては、そこにトーストをつけている人もいる。かなりのボリュームになる。

そこで止めておけばよかったのかもしれないが、やはり気になるのだ。香港の食の予備知識は、フカヒレとかアワビ、高級点心……全漢満席といった高級料理のコースも話題になったことがあった。まあ、僕には無縁だったが、香港の人たちはその味の片鱗を知っていると思うのだが、朝は茶餐廳でマカロニスープなのである。この落差がどうしても埋まらなかった。

そこで、「まずッ」と呟きながら、また頼むことになる。舌に合わない料理も食べつづけていけば、なんとなくしっくりくるものだが、マカロニスープの味気なさは、食べても食べても変わらなかった。いつまでたっても病院食の領域。まずいのだ。

謎が解けないまま、何年かがすぎた。あるとき、香港に十七年暮らしたという女性の言葉を思い出した。

「知り合いに香港でラーメン店を開いた日本人がいるんですけど、香港人のコックに任せていると、味がどんどん薄くなっていっちゃうそうなんです。彼は香港にくるたびに、スープを濃くしているっていうんです」

薄い味……。たしかにマカロニスープの味は薄い。香港人は薄味が好きなのか。

それは前触れのない連想だった。

「ひょっとしたら粥……」

粥は中国食文化圏では欠かせない朝食メニューだ。それを食べるときを思い起こす。粥の上に、ザーサイなどの漬物系やピータンなどを載せて食べる。具は濃い味つけだ。

「……！」

なにかがつながった気がした。香港人はマカロニスープに粥をイメージしているのではないか。粥の上に目玉焼きやウインナーはいただけないが、たしかにマカロニスープの味は……。

発想を変えてみた。目の前には煮込み切ったマカロニと白濁したスープがある。そのスープをレンゲで掬って口に運ぶ。

これは粥だ……。

いけるのである。飛びあがるほどおいしいわけではないが、なにかしっくりくる。朝食の領域に入ってくる。

これだったか。

茶餐廳のテーブルで難問に正解で答えたクイズ王のような心境になっていた。

これが香港だった。

香港はもともとは中国圏だから、朝、粥を食べる文化があった。そこを植民地にしたイギリスはマカロニをもち込んだ。中国人のコックは、「この蛾の幼虫のような食べ物はなんだ」などとはじめは雑言を口にしたのかもしれない。

しかし粥をつくるには、そこそこの手間と時間がかかる。ところがマカロニを鍋に入れて煮込むだけで……粥ではないが、粥もどきがすごく簡単にできあがる。早く食事を出すことで評価があがる朝の茶餐廳には向いているのではないか。

かくして通粉《トンフェン》というマカロニが茶餐廳のメニューに登場することになる。

茶餐廳で香港がみつかった。中国と欧米を合体させてしまう自由さ。そんな香港は茶餐廳のテーブルの上にあった。

鴛鴦《ユンヤン》茶、つまり紅茶コーヒーに出合ったのも茶餐廳だった。お茶のルーツは中国である。紅茶がはじめに飲まれるようになったのも中国といわれている。香港はその後、イギリスの植民地になり、コーヒーがもち込まれる。紅茶とコーヒーを混ぜたらいいのではないか。大胆な発想である。それをやってしまうのが香港だった。そして茶餐廳を中心に定着している。

カメラマン同伴で香港に行ったときだった。いつものように重慶マンションに泊まり、近くの茶餐廳に朝食を食べに出かける。そのときはすでにマカロニスープは、僕の定番朝食になりつつあった。カメラマンにマカロニスープがなぜ、僕のなかの香港になったのかという長い道のりの話をしながら、鴛鴦茶を頼む。カメラマンはそれを飲みながらこういった。

「すごい疲れる飲み物ですね。これは紅茶だと思えば紅茶。コーヒーだと思えばコーヒー。頭のなかで、味覚のヤジロベイが右に傾いたり、左に傾いたり……」

いわれてみればそういう飲み物だった。

つくり方が簡単そうなので、東京の自宅でも紅茶コーヒーをつくってみた。紅茶のティーパックを湯に入れ、まず紅茶をつくる。そしてドリップ式のコーヒーを淹れ、それを合わせてみた。

「違う……」

紅茶の味が勝ってしまうのだ。いくらコーヒーを濃く淹れても紅茶の味が優勢になる。紅茶とはこんなに強い味なのかと関心したが、どうすれば香港式の紅茶コーヒーができるのか……。悩んで紅茶にインスタントコーヒーを入れてみた。

「……!」

香港の鴛鴦茶、つまり紅茶コーヒーだった。茶餐廳は大衆店だからいかに安くするかを考える。スピードも問われる。考えてみれば、コーヒーを淹れているわけがなかった。インスタントコーヒーだったか……。妙にうれしかった。

しかし香港は変わった。

争点は選挙だった。イギリスから中国に返還されるとき、香港基本法が定められる。それは中国とイギリスの交渉が生んだぎりぎりの内容だった。そこにはこう記されている。

——立法会の選出方法は、香港特別行政区の実情および順序を追って漸進するという原則に基づいて規定し、最終的には全議員が普通選挙によって選出されるという目的に達する（第六八条）

立法会は日本の国会にあたる。普通選挙とは日本で行われているような選挙である。なぜそれがこれだけわかりにくい条文になったのかといえば、それが中国とイギリス、言葉を変えれば、中国の権威主義と欧米型民主主義のせめぎあいのなかの産物だったからだ。この条文を中国とイギリスはどう読み込んで香港返還に辿り着いたのか。難しく、興味深いテーマだった。

その時点で、そしていまも、中国では普通選挙は行われていない。返還から五十年は一国二制度という体制がつづくことになっていたが、五十年後、香港が中国化するか、中国が香港化するかの方向性もなかった。政治というものは常にそういう時間の流れのなかにあるものだろうが、仮に五十年後、中国が香港化するとしたら、中国は普通選挙を行う可能性も考えていたのだろうか。いまとなっては虚しい話になってしまったが。

普通選挙を受け入れられない中国は、さまざまな条件を香港に押しつけてきた。そのたびに大規模な抗議デモが起きた。二〇一四年の路上占拠では、雨傘革命という言葉が生まれた。繁華街の路上で寝起きする若者たちのなかで、僕はカメラのシャッターを押しつづけていた。二〇一九年から二〇二〇年にかけては最も激しい民主化デモに香港は揺れた。

しかし香港政府、そしてその背後にいる中国は引かなかった。香港の若者たちは、強烈な催涙ガス弾に晒された。

中国はイギリスの植民地である香港を巧みに使ってきた。社会主義に染まった国土のなかでの唯一の風穴は香港だった。硬直化する経済のテコ入れに香港を使った。欧米型の経済をとり入れていく中国は、やがて世界の工場とまでいわれるようになる。その発展を牽引したのが香港人だった。いまの中国の発展は、香港がなければ実現しなかった。

しかし中国にとって、香港の欧米型民主主義は異物だった。その力を巧みにとり入れ、中国は圧倒的な経済力を手に入れ、資本が蓄積し、発展の方法論を身につけるなかで、香港の存在感はしだいに薄れていく。賞味期限が終わっていくようなものだった。そのなかで中国は香港を切り捨てようとした。中国を発展させた自由主義を押さえつけはじめるのだ。自由な欧米型民主主義を身に着けた香港の若者を、まるでがん細胞のように扱い、消滅させようとする。そこに新型コロナウイルスの感染拡大が覆いかぶさり、香港は息の根を止められていってしまう。香港は完全に中国にとり込まれ、一国二制度は五十年を待たずに消えていった。

民主化デモからコロナ禍へとつづき、僕は三年以上も香港を訪ねていない。そう遠くない時期に、僕は香港の土を踏み、そして茶餐廳の粗末な椅子に座っている気がする。僕にとって、その場所が香港。そして桃源郷なのだ。

香港の自由は、中国の政治構造の前で消えていったが、茶餐廳のメニューに、その真髄を残してくれた。マカロニスープを啜りながら、きっとこう呟いている。

これが僕の香港……。

マカロニスープと紅茶コーヒー

バンコク｜タイ

タイ人にとっての食の桃源郷がそこにある

新型コロナウイルスに振りまわされた年月を思い返すと、息が詰まるような思いが蘇ってくる。その間にも、僕は意地のように海外旅行に出た。しかし目を閉じると、湖の底のように静まりかえった空港や、人が消えたロックダウンの街が浮かびあがってくる。

コロナ禍の間にいちばん多く訪ねた街はバンコクだった。仕事の打ち合わせもあった。昼を食べながら、という話になり、スクムビット通りからソイと呼ばれる路地を十分ほど歩いた店を伝えられた。

「その店、やってるんですか」

思わずそう訊いてしまった。コロナ禍のなかで、多くの店が撤退を余儀なくされていた。タイは日本のような給付金がほとんどなかったからだ。

「大丈夫です。しっかりとした店は残っています」

「しっかりとした店？」

「手を抜かず、流行にもおもねらず、味をしっかり守っていた店かな」

シートラートという店だった。タイ南東エリアのトラート地方の料理を出す店だという。

店に入ってその意味がすぐにわかった。テーブルはタイ人で埋まっていた。外国人もタイは入国できたが、隔離やＰＣＲ検査などがあるため、観光客は皆無だった。タイ人向けのきちんとしたタイ料理を出す店だけがにぎわっていた。

メニューにナムプリックがあったので頼んでみた。ナムプリックとは、小エビを発酵させたガピをメインに、さまざまな香辛料を入れたディップである。野菜、揚げた魚などさまざまなものをつけ、ご飯に載せて食べる。

ひと口食べて唸ってしまった。本当にしっかりとしたタイ料理だった。

タイは訪ねる回数も多く、いろいろな用事もある。食べ物にも慣れているので、つい簡単な料理ですませてしまう。その種の店も閉まっているところが多かった。これをコロナ禍の恩恵といっていいのかわからないが、バンコクの街に、コロナ禍というフィルターをかけると、タイ人が支持するいい店が浮きでてくる。僕は外国人観光客が姿を消した街で、本格的なタイ料理に出合う機会が多かった。

タイ料理とひと口でいうが、そこには大きく分けるとふたつの世界が存在する。純血タイ料理とタイ中華だ。最近、日本人が好むタイ料理はタイ中華が多い気がする。台湾人や中国人のなかにはタイ好きが多い。彼らと話をすると、決まって料理の話に辿り着く。彼らにいわせると、タイ中華は彼らの口に合うらしい。

「そこへいくと日本の町中華は抵抗感ありますね。あれは中華の一部だけを使った日本料理っていう気がします」

そういう中国系の人は多い。

タイという国、いや東南アジアは中国の影響を強く受けている。タイ周辺はインドシナと呼ばれる。タイ人と一概にいうが、中国のDNAが入り込んだ人は半数以上になるという。タイで暮らしていると、インドと中国の文化が、宗教や食べ物に色濃く投影されていることがわかる。タイ中華というタイ料理のカテゴリーが生まれてもなんの不思議もない。

タイを訪ねた人は、カニのカレー炒めを注文する人が多い。タイ語でプーポッパンカリーという。台湾人や中国人も大好きなタイ料理だ。最近の人気料理といってもいい。タイ中華の代表料理といってもいい。

しかしタイ中華が最も幅を効かせているのは、大衆店である。タイ人のサラリーマンやＯＬがお昼を食べるような店。そこで出される料理の大半がタイ中華だと思って

バンコクの大衆店はこんな路地も埋めてしまう

右／写真上にあるのがタイ中華を純血タイ料理に近づけるセット
左／焼き鳥もタイ人はよく食べる。これもタイ中華だと思う

いい。

たとえばカオマンガイ。タイ風チキンライスである。「ピンクのカオマンガイ」で知られる「ゴーアン　カオマンガイ　プラトゥーナーム」は、日本人観光客の間でも知名度が高い。豚足をご飯の上に載せたカオカームーは、フードコートには必ずある定番料理だ。

そしてクイッティオと呼ばれるそば。これは麺の種類やスープ、具などによってさまざまな種類がある。

これらはどれも、タイ料理と中国料理が融合したタイ中華だ。その特徴はあまり辛くないこと。そして詳しくは後述するが、味が混ざりあっていることだ。この味の融合はどういう効果を生むかといえば、早く一気に食べることができる。働く人々の昼食向けということになる。

もうひとつのカテゴリーは純血タイ料理である。その味がどんな世界なのか、代表料理であるトムヤムクンで説明してみる。

トムヤムクンは酸っぱくて辛い。ある日本のタイ料理店に入ったとき、トムヤムクンの説明で「タイ風辛酸スープ」と書かれていた。間違いではないが、辛酸を使っていいものか……しばし悩んだ。

トムヤムクンの場合、酸味と辛みに、エビのうまみも加わってくるが、大きなポイントは、それぞれの味が交わっていないことだ。独立していて、混ざりあわない。だから、トムヤムクンは、「酸っぱくて辛い」としか表現できない。味に言及すると、「おいしい」だけでは十分ではなく、「酸味がおいしい」「辛みがおいしい」ということになる。

そのあたりを伝えるタイ語もある。

タイ中華、もっといえば中華料理、日本料理、西洋料理のおいしさを、「ロットチュート」という。いろいろな味が混ざりあっているという意味になる。対して純血タイ料理の味は、「ロットチャット」という。直訳すると、味がはっきりしているということになるが、それをかみ砕くと、それぞれの味が独立しているということ。転じて、「おいしい」という意味でも使われる。

味が交わることなく、それぞれがおいしい……。それが純血タイ料理の王道ということなのだ。そして純血タイ料理は、辛さや酸味などがすでに入り込んでいる。それぞれの味を確認しながら食べる。そして純血タイ料理はかなり辛い。トムヤムクンなどを食べたときの感覚を思い出してほしい。急いで食べることができないのだ。広がる辛さを抑えるためにひと休み。辛さが消えていくときの爽快感がたまらないなどとタイ人はいうが、そんなことをしていたら、昼食休みが終わってしまう。純血タイ料理は、ある意味、現代の時間感覚と合っていない。ゆっくりと時間が流れていた時代の料理といってもいいかもしれない。

タイ人が求めた味は、世界のさまざまな料理と一線を画している。根っからの食いしん坊のようにも思う。「おいしい」のひと言では満足せず、「辛さがおいしい」、「酸味がおいしい」と何種類かのおいしさを独立して求め、それをひとつの料理に落とし込んでいったわけだ。

時間が豊かだった時代の産物だと思う。料理を口に運びながら、いろんなおいしさを味わっている姿を思い起こすと、タイ人が求めた食の桃源郷がそこにあるようにも思えてくるのだ。

その残り香はタイ中華にもある。クイッティオやカオカームー、カオマンガイなどがある食堂のテーブルには、乾燥唐辛子、砂糖、酢、そしてナンプラーというタイの醬油などが置かれている。客は出てきた料理にそれらをかけて、好みの味にしていく。食べたことがある人はわかっていると思うが、それらの調味料をいれなくても、十分に食べることができる。とくに日本人なら、満足できる味だ。

しかしタイ人は、さまざまな調味料を加える。それは味を調えるというより、自分の好みの味にしていく行為に映る。調味料を入れたタイ中華は、辛く、酸っぱく……という純血タイ料理に少し近づいていく。つまりタイ中華を純血タイ料理に近づけているかのようだ。味の桃源郷ににじり寄っていく感覚だろうか。

やはりタイ人は食いしん坊だと思う。

クイッティオ

菁桐―台湾

懐かしい記憶を呼び起こす山間集落

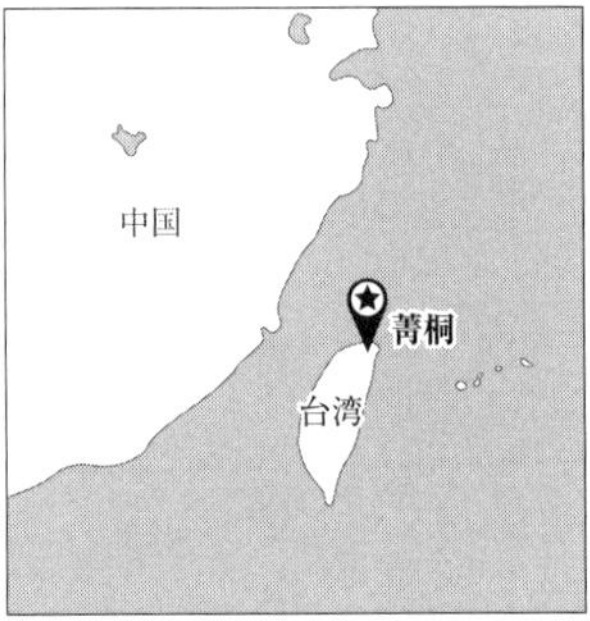

台北から列車に乗って瑞芳《ルイファン》へ。そこから平渓線に乗り換える。列車は基隆川に沿った谷をゆっくりとのぼっていく。途中にあるのが十分《シーフェン》。台湾で天燈と呼ばれるランタンを夜空にあげる祭りで有名な場所だ。この祭り以外にも、近くに滝があるなど、観光客が集まるスポットがある。僕が乗った列車も、乗客の大半はこの十分で降りてしまった。列車はさらに谷を進んでいく。濃密な木々が列車ぎりぎりまで迫ってくる。

僕が向かうのは終点の菁桐《ジントン》。瑞芳から一時間ほどかかる。菁桐駅は、日本の植民地時代の一九二九年（昭和四年）に建てられた駅舎をそのまま使っていた。駅前には、食堂や雑貨屋が並んでいる。そこを抜け、車やバスが走る道路を越えたところで、僕は立ち止まり、その先に広がる風景を眺める。

日本にやってきた。

いや、戦前の日本。唐突に、瓦屋根の日本家屋が広がるのだ。子供の頃、夏休みに向かったおばあちゃんの家。そんな風景に体がとろけそうになる。

台湾が日本の植民地だった頃、日本はこの一帯で石炭を採掘していた。菁桐の周辺には、いまは入口を閉めてしまった炭坑跡がいくつも残っている。駅の脇には選炭場も残っている。黒ずんだコンクリートの壁は苔に覆われているが。

多くの日本人がこの一帯で石炭の採掘にかかわった。実際に炭坑のなかで石炭を採掘したのは台湾人だっただろうが、その管理や本国への輸送などは日本人の世界だった。その事業を主に担ったのが臺陽礦業だった。

しかし日本の敗戦で太平洋戦争は終結する。日本人は一気に引き揚げていくことになる。日本人が暮らしていた日本風家屋は空き家になっていく。

台湾には多くの日本風家屋が残った。やはりいちばん多いのは台北だろうか。台北など都市の日本風家屋は、その後、大陸からやってきた蔣介石率いる国民党が接収していく。台湾の人々は、その動きを、「犬が去って豚がきた」と揶揄する。犬が日本、豚が国民党である。新しく台湾を支配する国民党に対し、台湾の人々は抵抗する。しかし最終的には武力によって抑えられていく。

接収された日本風家屋の多くに国民党の人々が住み着くことになる。その後、空き家になる家が増えていったが、国民党が接収した以上、台湾の人々が勝手に使うわけにはいかなかった。

しかし台湾は大きく変わっていく。台湾生まれの李登輝が総統になり、長くつづいた戒厳令も解かれていく。国民党の支配構造は崩れていくのだ。

そのなかで日本風家屋の再利用がはじまる。手を加えても使えないほど老朽化した建物は壊され、ビルなどが建つことになる。状態がいい家屋はリノベーションが施され、レトロなカフェや観光施設に変わっていった。

菁桐の日本風家屋も、そんな状況に晒されたのだろうか。はっきりしたことはわからないが、平渓線の終点の周囲に広がる山間の集落である。国民党の接収といった風も、このあたりまでは吹いてこなかった可能性が高い。ひっそりと、日本風家屋が残されていた気もする。

日本が引き揚げた後も、この一帯では石炭の採掘がつづいた。

駅脇にある菁桐の資料館にはこんな歴史も記されていた。

——日本人が多く住んでいた時代、菁桐街道には多くの店が並び、菁桐銀座と呼ばれていたという。しかし一九四三年（昭和十八年）の火災で商店街は消滅。その後、再建された。戦後は石炭の採掘に集まる台湾人向けに店が増え、一九六〇年には雑貨屋九軒、飲食店五軒、洋服店二軒があった。一九七一年には一万人ほどの人口があったが、一九九五年には炭坑は閉山された。

平渓線を走る列車は観光客を意識したペイント

視線の先に「日本」が広がる。やたらに懐かしい

その間、日本風家屋は台湾の炭坑関係者が使っていたのかもしれない。

菁桐をはじめて訪ねたのは数年前のことだ。日本風家屋が多いことは知っていたが、そこが民宿になっていることはそのときに知った。「北海道民宿」という宿だった。扉は閉まっていたが、そこに貼ってあった電話番号にかけてみると、泊まることができた。

まったくの日本風家屋だった。畳はもちろんだが、縁側があり、窓はアルミサッシではなく木枠にガラスがはまっていた。日本の家でサッシではなく、木枠の窓が残っている家がどれだけあるだろうか。戦前の建物をそのまま残していたのだ。

家の横に路地があり、その石段をのぼったところに皇宮茶房というカフェがあった。ここも日本風家屋を使っていた。縁側に置かれた椅子に座り、コーヒーを啜りながら、木枠のガラス戸越しに外を眺める。目の前に整った形の山があった。カフェに置かれた資料を見ると、戦前、ここに暮らした日本人は、この山を平渓富士と呼んでいたという。富士というにはあまりに標高が低く、そびえたつような雰囲気は伝わってこない山だったが、たしかに小さなコニーデ型といえなくもない。

当時、台湾に赴任することはなかなか大変だったのかもしれない。いまのように簡単に往来ができない。そんな日本人が、その山を平渓富士と名づけた心情は少し切なかった。

そんな思いに浸りながら、ふと木枠の窓を見た。そこにとりつけられた鍵に目がとまった。鍵を差し込んで、くるくるとまわして締めるタイプの鍵。それを見たとき、記憶が一気におばあちゃんの家に飛んだ。僕の祖母の家の鍵もまったく同じタイプだった。

皇宮茶房の縁側から降りると、そこは生け垣で囲まれた庭だった。縁側の下に置かれたサンダルを履いて庭に出た。振り返ると、縁側の下にコンクリート製の台がつくられていた。差し込み式の鍵、縁側下の台……すべてが祖母の家と同じだった。もっとも祖母の家の縁側下の台はコンクリートではなく、高さを合わせた石が置かれていたが。

なんだかわからないが、やたらに懐かしかった。日本で消えてしまった日本が菁桐にある……。僕の年代にとっては桃源郷の優しい空間だった。

夏休みや連休におばあちゃんの家に行く。近所に女の子がいて、それほど親しくはないが近所の公園で暗くなるまで遊ぶ。仄かな異性への意識。おばあちゃんがつくってくれる料理……。そういった子供の頃の思い出が、鍵と縁側の台につながっている。そんな空間が台湾の山のなかにあることも不思議なことだった。

僕が寝たのは、民宿のなかの四畳半の部屋だった。夜、戸を開け、網戸だけにすると、近くの水田からカエルが鳴く声が聞こえてくる。それすら懐かしくなってしまう。

しばらく台湾に行くことができなかった。新型コロナウイルスの感染拡大だった。ようやく各国の規制が緩和され、台湾に自由に行くことができるようになったとき、菁桐を思い出した。

やはり瑞芳から列車に乗った。以前と同じように平渓線の列車は、ゆっくり谷をのぼっていく。やはりほとんどの客は十分で降りて行った。菁桐の駅もそのままだった。

「民宿北海道」もちゃんと残っていた。

前回は管理人の中年男性が宿にいたが、今回はオーナーの女性が宿にいた。

「コロナ禍はどうでした」

最近の旅は、まずこの言葉からはじまる。

「感染がひどいときは閉めました。誰も来ませんでしたから。でも、うちのお客さんの大半は台湾人だから、ときどき、連絡が入るんです。やってますかって。怖かったけど、恐る恐るお客さんを受け入れていった感じ。一日に一組程度でしたが」

いろいろ説明してくれた。この家は築八十五年ということや、一軒の家の半分だけを買って民宿にしたこと。日本の植民地時代は、炭坑の採掘会社のかなり偉い人の自宅だったこと……。

「民宿北海道」とは川を挟んだところに、かつての臺陽礦業の平渓招待所の建物も残っていた。日本からこの炭坑に出張できた人が泊まる施設だった。前回はそこも見学したが、今回は閉まっていた。しかし裏口が開いていて、工事関係の人が出入りしていた。訊くと再オープンに向けて、内部をリノベーションしているということだった。コロナ禍が明け、ようやく少しずつ元に戻りつつある。

今回は民宿の周りもかなり歩いてみた。臺陽児童楽園という児童公園跡もみつけた。ちゃんと滑り台も当時のままで残っていた。

「民宿北海道」の畳の部屋で体をのばす。前回とは違う部屋だった。縁側があり、この鍵は皇宮茶房と同じ差し込み式だった。

その横を見ると、戸袋があった。おばあちゃんの家にまたつながる。風雨が強いとき、おばあちゃんはここに収納されている雨戸を引き出していた。その戸袋もちゃんと残された家だった。

ここには日本より日本があった。そのなかで布団を敷き、かけ布団にくるまる。季節は三月。山のなかの菁桐はそこそこ冷える。

今晩はいい夢を見れるような気がした。

「北海道民宿」の部屋。ここに寝て腰をのばした

民宿の縁側で

ラサ―チベット

星空列車の終着駅とその先に

広州を発った列車は、青海省の省都、西寧《シーニン》に到着した。ここからチベットのラサに向かう青蔵鉄道に乗り換えた。高地を走るため、車内に酸素が噴き出す装置を備えた列車は、ほどなくして関角《グアンジャオ》トンネルに入った。三十二キロを超えるという長いトンネルである。

関角という言葉は、「天にのぼる梯子」という意味だという。その意味を教えてく

れたのは、長いトンネルを抜け、車窓全面に広がる星空だった。

青蔵鉄道は標高が四千メートルを超えるチベット高原を九六〇キロも走る。最高地点は五〇六六メートル。世界で最も標高が高い地点を通る。その入口に入ったことを星空で確認する。下界を越えた感覚といったらいいだろうか。天にのぼる梯子をのぼったのだ。

チベット高原は標高が高く、乾燥している。雲がない。いや、雲の上に出たということだろうか。

僕は途中駅の売店で買った白酒をザックからとり出し、ひと口啜る。

「星空列車バー」

そんな言葉が浮かんでくる。

圧倒的な高度感のなかを走る青蔵鉄道だが、その車内はささくれだった空気に包まれていた。食堂車で食事をとりながら同行するカメラマンは何枚かの写真を撮った。服務員が血相を変えてやってきた。写真撮影は禁止だという。その場で写真を削除させられた。

この列車に乗ることも大変だった。チベット自治区に入るのには特別の許可が必要だった。列車の切符も自由に買うことはできなかった。そして終点のラサでは、必ずガイドをつける必要があった。ガイドは監視役も兼ねているという噂だった。

鋭利なナイフのような夕陽を浴びながら、列車は終点のラサに着いた。改札を出ようとすると、そこにいた公安が、「隣の改札に向かえ」と顎で指示した。そこにはチベット人の長い列ができていた。見ていると、僕が出ようとした改札をなんのチェックを受けずに通過していく乗客が何人もいた。いや、その乗客のほうがはるかに多い。顔を見ると、全員が漢民族だった。

「そういうことか」

鼻白む思いで改札を眺めた。漢民族はフリーパスだが、チベット人と外国人は審査が待っていたのだ。しかしここはチベット人の土地である。

二十人ほどがひとつのグループにまとめられ、改札を出た先にある別の建物に入れ

西寧を出発した列車はラサに着いた。ホームは広い。トラックや戦車を配備させることを考えた幅だという

ここがチベット人や外国人専用の改札。チベット人は静かに指示に従う

られた。そこでチベットに入域する書類のチェックを受ける。僕ら外国人より、チベット人のチェックのほうが入念だった。書類審査を受け、ひとり、ひとりがカメラの前に座り、顔写真を撮られる。チベット人は素直に公安の指示に従っていた。

建物を出、さらにパスポートのチェックを受けて駅から出た。そこにガイドが待っていた。

チベット人の女性ガイドだった。ホッとした。以前、チベットを訪ねた日本人は、漢民族のガイドがついたという。食事で、「チベット料理を食べたい」と希望を伝えると、「チベット料理はおいしくないので四川料理店に行きます」といわれたという。外国人が食べるのは中国料理……といった雰囲気だったらしい。そんな話を耳にしていたからだ。

ラサを訪ねた日は巡礼日にあたっていた。朝、街に出ると、地方から巡礼のためにラサにやってきた人々の列を目にした。

チベット仏教の総本山であるポタラ宮に向かった。そこも巡礼者で埋まっていた。

人々は祈りの仏具であるマニ車を手に、お経を唱えながらポタラ宮を一周する道を歩く。一回まわるのに一時間ほどかかるという。

僕の旅には、基本的にガイドはつかない。しかしラサはガイドをつけないと入域許可がでない。こんなときしかできないこと……と巡礼者に質問してみることにした。

「なにを祈って巡礼してるんですか」

するとおじさんはこう答えた。

「世界平和です」

外国人から訊かれたらこう答える……そんな返答に聞こえた。

ポタラ宮からサンゲドゥングに向かった。薬王山の裏手にある摩崖仏である。その道も巡礼者で埋まっている。ときに巡礼者で渋滞が起きるほど混みあっていた。道の両側には、巡礼グッズを売る露店も並んでいる。その間にはかなりの数の物乞いもいた。しかし彼らはチベット人ではない。ガイドに聞くと、

「漢民族です」

と少し困った顔で答えてくれた。巡礼日に合わせて、下界から列車やバスでやって

くるのだという。漢民族は自由にチベット自治区に入ることができる。下界に広がる漢民族の世界にも寺はある。しかし社会主義を選んだ中国は、宗教というものへの評価が低い。文化大革命のときは、多くの寺が活動を停止している。しかし仏教圏であるチベットは違う。物乞いの前に置かれた器に小銭を入れることは徳に通している。漢民族の世界とは違っていた。下界からやってきた貧しい漢民族は物乞いそのものだった。

坂道をのぼると摩崖仏があった。その前ではチベット人たちが五体投地をつづけている。間近で見ると、やはり大変そうな祈りだった。なかには膝にサポーターを巻いている人もいる。立った姿勢から膝をついて、体を地面に投げだす。そのとき、膝が擦れてしまうのだろう。急に五体投地をすると腹筋が痛くなるという。巡礼日に合わせてトレーニングもするようだった。

摩崖仏の前に講堂のような建物があり、なかに入ると、ふわッという熱気に包まれた。訪ねたのは十二月だった。標高が三七〇〇メートルのラサはそこそこ冷え込む。

建物のなかが暖かいのはそこで無数のローソクが燃えているからだった。

「私たちはものではないものを守って生きていますから」

ガイドはなにを思ったのか、突然、日本語で僕に伝えた。なんと答えたらいいのかわからなかった。そしてなぜいま、ガイドはそんなことを口にしたのかも……。

巡礼路の街歩きの最後はジョカン寺だった。前夜、吉祥天女像がジョカン寺に移されていた。今日が開帳日で、誰でも吉祥天女像を拝むことができる日にあたっていた。寺は混みあっていた。寺の入口のだいぶ手前に、特設の入口がつくられ、そこから入場し、三十分ほど歩いた。ジョカン寺に近づくと、列はまったく進まなくなってしまった。そこで一時間ほど待っただろうか。列が進みはじめ、ようやくジョカン寺の境内に入ることができた。そこから先は押し合いへし合い状態。吉祥天女像をひと目見ようと、皆、にじり寄るように像に近づいていく。

本尊脇でチベット僧が経を唱えていた。ふと見ると、その横で三人の男性がひれ伏していた。首にはカターと呼ばれる白い布をかけていた。これは寺に参詣するときに首にかけるマフラーのような布だ。

「帰依した漢民族です」

僕の視線に感づいたのかガイドが説明してくれた。

「帰依？」

「最近、急に増えているんです」

ガイドが教えてくれた。

中国は反発するチベット人を武力でねじ伏せ、チベットを支配した。ダライ・ラマはインドに逃げ、亡命政府をつくっている。青蔵鉄道は中国支配の象徴でもあった。

中国はいまも、チベット族を厳しい管理下に置いている。世界では多くの人がこの政策に異を唱えているが、中国は聞く耳をもたない。この土地に残った人たちは、押し黙るようにして中国に従っている。それしかこの土地で生きる方法はなかった。

しかしダライ・ラマを崇める心までは支配することは難しい。

「私たちはものではないものを守って生きていますから」

その言葉は、裏を返せば、ものを守ると必ず中国の弾圧の対象になることを示していた。宗教という、目には見えないものを守ることは、チベット人の抵抗だった。中国はチベットを支配し、その先の新疆ウイグル自治区も押さえ込み、強大な国家をつくろうとしている。その政策が人々を豊かにしていくものだと声高に主張する。たしかに中国は豊かになった。しかしそれでは埋まらないものを、中国人は感じはじめている。

チベットは貧しい物乞いも惹きつけているが、心の空白を抱えてしまった豊かな中国人も呼び入れている。それはこの土地が、「私たちはものではないものを守って生きていますから」という桃源郷のような世界だからだ。それは歴史の皮肉ではなく、王道という気がしないでもない。

吉祥天女像はちらっとしか見ることができなかった。日本の仏像とはずいぶん違う外観だった。この像を見るために、これだけの人が集まってくる……。それは形骸化した宗教のなかで生きる日本人の僕にもなかなか理解できない世界だった。だから僕は桃源郷に憧れてしまうのかもしれないが。

開帳日のジョカン寺

第五章 桃源郷で人生を忘れる

シンガポール｜シンガポール

ときにはつくられた街でのんびり

旅にはいくつかの錯覚がある。飛行機や列車、バスなどで移動し、新しい街に着く。そんなとき、必ずといっていいほど、それまで滞在していた街に戻りたくなる。当然の話だ。前にいた街は、多少なりとも様子がわかっている。道もだいたいわかってきていることも多いし、行きつけの食堂もみつかっているかもしれない。新しい街では、旅の日々をゼロからつくっていかなくてはならない。

いまは膨大なネット情報や正確なガイドブックがある。店探しは困らないかもしれないが、そこが気に入るかどうかは別問題だ。それぞれ好みがあるだろうし、肌感覚というものもある。新しい街に向かうということは、新たなストレスに晒されることだ。それを乗り越えていかないと旅はつづかない。

昔、沈没という旅用語があった。ひとつの街が気に入り、いつまでもそこにいることを意味した。移動することが旅だとすれば、沈没とは旅へのテンションがさがっているということにもなる。旅というものは、それなりのエネルギーがいるものだ。しかしそういった旅感覚が通用しない街もある。そこに足を踏み入れた瞬間、ここは桃源郷ではないかと気に入ってしまう街がある。

僕にとってのシンガポールは、そういう街の位置にある。

シンガポールに着いた翌朝、ホーカーズと呼ばれるフードコートに座る。だいたいが半屋外。屋根はついているが、閉鎖された空間ではない。そこで風味のあるカヤジャムを塗ったトーストとコーヒーを頼む。すると、カラスより少し小ぶりのくちばしが黄色い鳥が、ちょんちょんと飛ぶようにしてテーブルの上にやってくる。オオハッカというムクドリの一種で、シンガポールに住む日本人は南国鳥と呼ぶ。視線をあげると、目の前のヤシの木の間を、色鮮やかなチョウが舞っている。

公園のなかにいる……。

気温は高いが、気分は爽快だ。

シンガポールの朝。いつも深呼吸をしてしまう。

前日までいたアジアの街を思い起こす。路上には車がひしめき、排ガスがあたりに垂れ込めている。交差点から聞こえるクラクションの音。シンガポールと同じような気温だというのに、澱んだ空気は不快で、つい、冷房が効いたカフェに入ってしまう。車の騒音が聞こえてこない世界に逃げ込み、ふーッと息をつく。

シンガポールのホーカーズのテーブルに座ると、前にいた街のことを忘れてしまう。あの街はよかった……などとは思えず、シンガポールは桃源郷ではないかと思ってしまうのだ。

多くの店が半屋外にテーブルを並べることができるのも、空気が澄んでいるからだ。排ガスは少なく、公園のなかのカフェにいるような気分になる。

シンガポールのこの心地よさをいちばん実感するのは、隣国のマレーシアから橋を渡って入国したときだ。シンガポールは島国だが、北側のマレーシアとは橋でつながっている。マレーシア側の街がジョホールバル。そこからバスで橋を渡り、シンガポールに入ると、急に呼吸が楽になる。体も軽くなる。確実に空気が変わったことを体が喜んでいる。

シンガポールに入ると、急に木が増える。樹木が、赤道に近い強い日射しを吸いとり、気温を一度、いや二度ぐらいさげてくれる。体は正直に気温に反応する。

国境を越えたバスを降り、地下鉄に乗り換える途中、木陰のベンチで少し休む。この街で暮らすことができたら……。木陰でまどろみながらそんなことを考えてしまう。シンガポールは巨大な都市だが近隣のアジアの街と比べると、公園のなかに街がある錯覚を覚える。

到着一日目。シンガポールの快適さに身を沈める感覚は悪くない。シンガポールはストレスのない街だ。空港や繁華街の出口で客を待つ客引きもいない。タクシーに乗ると、運転手は黙って料金メーターのスイッチを入れる。騙されるという不安のなかで、つい表情が硬くなってしまうようなことがない。穏やかな気持ちで街を歩くことができる。

しかしそれは一日しかもたない。翌日から、この快適さを維持する装置のようなものが目につきはじめる。公園でぼんやりしていると、芝生の上に落ちた枯れ葉を掃いている男たちの姿が見える。蛍光テープが縫いこまれた制服を着て、いったいいつになったら終わるのかもわからない公園の落ち葉掃除をつづけている。

顔つきから想像すると、バングラデシュ人かインド人だろうか。風に乗って彼らの会話も聞こえてくる。あの話しぶりはバングラデシュ人だろう。出稼ぎ組がシンガポールの公園を守っている。濃い緑の下の心地いい木陰で休むことができるのも彼らがいるからだ。いったいどのくらいの収入になるのかは知らないが。

彼らが住むバングラデシュはいまはカオスの街だ。ダッカやチッタゴンでは末期的な渋滞が常に起きている。三十分がたってもほとんど進まない状況に苛立ち、バスや車の運転手はさかんにクラクションを鳴らす。走ってはいけないエリアに入り込んだ自転車リキシャの車夫を、警官は警棒を手に追いかけまわす。

道端にはゴミが積みあげられ異臭を放っている。そのなかでエサを漁る野良犬。しかしエネルギーだけは弾けている。安い賃金を求めて、世界の縫製会社がバングラデシュになだれ込み、次々に工場が建ちあがっていった。バングラデシュもようやく、高度経済成長の波に乗りはじめていた。

そんな時代、人々は小資本づくりに熱をあげる。その資本を元に、飲食店をもったり、輸送業をはじめたりする。そんな時代に入っていた。手っとり早く小資本を貯める……それが出稼ぎだった。

シンガポールはそんな人たちに支えられて公園のような都市を維持していた。

二日目から眺めるシンガポールは、薄気味悪さが浮き立ってくる。細かいルールで管理された社会。優秀な人材を露骨なほどに優遇していく。そんな社会を、ある評論家は、「明るい北朝鮮」と呼んだ。

僕は旅行作家という肩書きをもっている。旅はその国の経済状況や歴史、文化と無縁ではない。単純な旅を描いても、読者は納得してくれない。ひとつの国に入ると、アンテナを何本も立て、原稿のテーマを探してしまう。猥雑なエネルギーが弾ける国を、その経済環境から読み解こうとする。旅をしているようなふりをしながら、テーマを探しているようなところがある。

僕の頭は旅先で休まることはない。

シンガポールの澄んだ空気や爽快な風の向こうにある矛盾につい目が行ってしまう。

しかし僕も年をとった。若い頃からつづけてきた旅のスタイルが、ときに重く肩にのしかかってくる。シンガポールという爽快な公園都市を素直に受け入れられない僕自身に疲れてきたということなのだろうか。

そんな僕に、シンガポールは囁きかけてくる。もう、肩ひじ張ってアジアを歩かなくてもいいんじゃない……と。一日だけかもしれないが、シンガポールがつくりあげた街の森林浴に体を投げだしなさい……と。

朝のホーカーズのテーブルで、僕はそんなことを考えることが多くなった。シンガポールはつくられた桃源郷かもしれないが、なにも考えずにコーヒーを飲み、緑に目を細めても旅が変わるわけではない。

そんなとき、いつも浮かんでくる歌がある。加藤和彦の「シンガプーラ」のメロディーが、脳細胞のなかに響きはじめる。

♪人生を忘れそう　このアジアの片隅で……。

シンガポールはそういう街である。

夜のホーカーズ

ダラット｜ベトナム

涼しい花の街で感じる心地よさ

歴史を秘めた街は独特の空気をもっていると思う。この本に登場する多くの街が、長い歴史に裏打ちされた空気が流れている。それほど深くその街の歴史を知らなくても、勘のいい旅行者なら、その雰囲気を察し、街に深入りしていくことになる。

街の歴史は王朝につながるような正当なものもあれば、戦乱に辿り着いてしまうようなつらいものもある。それが下地になって、旅人にとっての桃源郷が生まれていく気がする。

しかし世界には歴史が浅い新しい街がある。それは計画的につくられたビルが建つ街とか、画一的な集合住宅が並ぶ街といった意味ではない。街並みは普通なのだが、そこに流れる空気がどこか違うといった印象を旅人が敏感に感じとる街のことだ。それはアジアに多い気がする。

たとえばカンボジアのシェムリアップ。アンコール遺跡観光の基点になる街だが、昔はトンレサップ湖に面した小さな村だった。アンコール遺跡が注目され、そこを訪ねる観光客が増えていくなかで、ホテルがつくられ、飲食街が誕生し、カンボジア各地から人が集まってきた。いまやカンボジアでは五番目の人口を抱える都市になった。

こういう街に滞在すると、つい、

「楽だな」

といった言葉が口をついて出てしまう。

これはどの国にも共通していることだが、地方色といったものがある。その国を構成するいくつかのエリアには方言があり、その土地の料理がある。日本でも九州と東北では、言葉も違えば、食べ物の味つけも違う。最近、どの国でも増えているチェーン店は、そんな違いを無視することが多いから、旅好きシニアはそんな現状に不満を抱く。

カンボジアも同じだ。ベトナムに近いラタナキリ州とタイに近いバタンバン州では、これが同じ国？　と思えるほど風土が違う。僕はカンボジア語がわからないが、たぶん言葉もかなり違うのだろう。そういうさまざまなエリアから、シェムリアップは儲かるといった噂を頼りに人が集まってくる。英語を勉強した若者は、就職先がシェムリアップのホテルに決まったりする。そんな人の動きが、シェムリアップという街をつくっていった。

旅人にとって、そんな街の成り立ちは無縁に思えるかもしれない。しかしシェムリアップにしばらく滞在すると、

「この街はなにかが違う」

といった空気を肌で感じることになる。旅ということからすれば、そんな街は居心地がいい。

国は違うが、この本でも紹介したタイのチェンマイ。木々が多い盆地の街は、訪ねた人を虜にするような魅力がある。しかしここに一週間、二週間と滞在すると、別の顔が見え隠れしてくる。チェンマイの人々は愛想はいいが、どこか腹を割って話をしないようなところがある。頑固なのだ。ときにそれは不寛容にも映る。ある一線を越えてなかに入ろうとすると、入口の扉をぴちっと閉めてしまうような感覚といったらいいだろうか。

その風土は、日本でいえば京都に似ている。僕は大学受験のために京都の予備校に一年間通っていた。信州の松本という土地は、どちらかというとその視線は東京に向かっている。その意識があまり好きになれず、僕は京都での浪人生活を選んだ。住んだことがない関西という土地への好奇心もあった。京都の言葉は柔らかく響き、はじめのうちは心地よかったが、どこか本音を京都弁でごまかしてしまうようなところがしだいに気になってくる。

僕は東京の大学を選んだ。そのときの心境は、「もう京都はいい」といったものに近かった。東京のアパートに荷物が届き、それを片づけながら、

「東京は誰でも受け入れてくれる」

そんな思いに浸っていた。

その意味でいえば、シェムリアップは東京に近い。やはり楽なのだ。

旅の目的地を選ぶとき、多くが長い歴史を秘めた街を選びがちだ。歴史は旅先を決める重要なファクターである。そこに二、三日滞在するパターンが多いから、それでなんの問題もないのだが、僕のように、すぐ暮らすパターンの旅に走り、海外に暮らした経験がある身にしたら、さまざまなエリアから人々が集まってきた街に食指も動く。年をとり、その傾向は強くなってきた気もする。

若い頃の好奇心はやはり強い。知識欲も旺盛だ。しかし旅を重ね、それが澱のように溜まる年齢になると、「楽な街でもいいじゃないか」と思えてくる。それこそ老化

ということかもしれないが、僕はそれを受け入れることができる年齢でもある。

ベトナムにダラットという街がある。ベトナムで滞在する街というと、ホーチミンシティやハノイが多くなる。どちらも海に近い大きな街だ。ホーチミンシティは一年中、かなり暑く、湿度も高い。ハノイは夏の暑さは厳しく、冬は湿度が高い不快な寒さに包まれる。どちらも快適な気候の街ではなかった。

ダラットに行ってみようと思ったのは、暑いホーチミンシティのデタム通りだった。調べると、ダラットの標高は千五百メートルだという。

「日本でいったら、上高地が千五百メートルほど。だいぶ涼しいかもしれない」

正直、暑さにはげんなりしていた。タイを歩き、その足でベトナムに入った。涼しさを体が求めていた。

ホーチミンシティのバスターミナルからダラット行きのバスに乗った。山道を六時間ほどのぼる道のりである。途中で黒い上下の服を着たおばあさんがふたり乗ってきた。少数民族の女性だった。ひとりは竹の杖をもっていて、降りるバス停を伝えたいのか、その杖で車掌を突いた。異次元の世界に住んでいる人に思えた。ベトナムはホーチミンシティやハノイにいると気づきにくいが、思った以上に少数民族が多い国だ。

バスが高度をあげ、しだいに植生が変わっていく。南国の葉の大きな植物が少なくなり、松林が山の斜面を覆うようになった。

ダラットに着いたのは昼すぎだった。バスを降り、半袖シャツの胸元を抑えた。気温は十度以上さがっていた。ホーチミンシティを包んでいた熱気が嘘のように消えていた。

激しい雨が降っていた。宿を決めているわけではなかった。街を歩いて宿を探さなくてはならないが、この雨ではそれも難しそうだった。普段なら気分が落ち込むところかもしれないが、僕はうきうきとしていた。涼しいのだ。体が急に軽くなるのがわかった。旅人の気分は気候でずいぶん変わる。旅人とはそんなものだ。

ぼんやりと篠突く雨を眺めながら、今夜はよく眠れそうだと思っていた。

しばらくすると、高原らしく小雨に変わった。バスターミナルに近い安宿をみつけ、荷物を置いて街に出てみた。

ダラットは「花の街」といわれた。住宅街を歩くと、家の庭を彩るさまざまな花が雨あがりの日射しを反射していた。バラの薄紅色、ガーベラの山吹色……。市街地にもフラワーガーデンがいくつもあった。ベトナム人の若いカップルが自撮り棒を手にしてポーズをとっている。この街を訪ねる新婚旅行組も多いという。

ここは植民地時代に入る前、コーホー族という少数民族が暮らす谷あいの村だった。目をつけたのは、ベトナムに乗り込んできたフランス人だった。彼らもホーチミンシティなどの海岸地帯の暑さに辟易とし、避暑地を求めて高原に向かった。しかしその手法は、宗主国特有の手荒さだった。ベトナム人を駆りだしてダラットまでの鉄道を建設し、ダラットではコーホー族を蹴散らし、川にダムをつくってスワンフーン湖という人工湖をつくり、絵に描いたような避暑地をつくっていくのだ。

しかしその後、ベトナムは長い戦乱に入り込んでいく。ベトナム戦争である。国土

ダラットはベトナムの若者たちを引き寄せる。アジアでは、欧米人がつくったリゾートはそんな街になることが多い

上／豆乳と甘いパンの屋台。豆乳は朝食の定番だが、ダラットでは夜食？
下／ダラット市街地のスポーツバー。ホーチミンシティのデタム通りにいるような錯覚を覚えた

は荒廃し、ダラットも巻き込まれることになる。

「花の街」として再生していくのは、南北ベトナムが統一してからの話だ。フランスが建設した避暑地というリゾートのイメージをしたたかに利用してビジネスに結びつけていった。

僕は毎日、涼しい気候に浮かれたかのように街を歩いていた。そしてほかのベトナムの街にはない空気を感じとっていく。人々の対応はどこかドライで気楽なのだ。カンボジアのシェムリアップに似ているところがあった。

昼、道沿いのそば屋に入ると、店主から、

「うちはフエのそばです」

と教えられた。以前はフエで店を開いていたという。カフェの入口には、オーナーはバンメトートというコーヒーの産地出身だと書かれている。住宅街を歩いていると、入口脇の狭いスペースでランのような花の手入れをしている初老の男性と目が合った。

「ダナンから移住して二十年です。ラン？　数年前からはじめました。周りの家がどこも花を育てているから、それを真似て」

ちょっと照れたように笑った。

いろいろ訊いていくと、ダラットは移住者が多い街ということを教えられた。どこかこだわりのないさっぱりとした印象は、そのためかもしれなかった。

夜、ベッドの上でかけ布団にくるまる。寝苦しい夜をすごしてきた身には、それは桃源郷のような心地よさだ。ぬくもりのなかで考えてみる。若い頃だったら、「明日はコーホー族の村を訪ねてみよう」などと呟いていたかもしれない。少数民族が追いやられていく現実を前に、アジアの矛盾を書きたいと思ったかもしれない。いや、ダラットという「花の街」にやってくることもなかった気もする。暑い空気のなかで、ほとばしるアジアのエネルギーに身を沈めなければ旅ではないといった頑なな思いあがりもあった。

しかしいま、標高千五百メートルの高原の涼しさのなかで布団にくるまっている。

そんなに頑張って旅をつづけなくてもいいのかもしれない。

歴史の浅い街の心地よさを受け入れてもいい。

遠くから犬の遠吠えが聞こえてくる。

桃源郷は旅人の年齢によって変わっていくのだろうか。おさまりがつかない老いへの逡巡も長つづきはしない。ひんやりとした空気のなかで、眠りにからめとられていく。きっとそれでいいのだと、僕は夢のなかで自分を擁護していくのだろうか。

ダラットの鉄道駅で

コックスバザール｜バングラデシュ

人とのつながりが育んだ桃源郷

「どうして街がこんなに汚いんだろう」

バングラデシュに行くたびにそう思う。人々はゴミを平気で捨てる。雨が降ると、それが水路に流れ込み、水の流れを止めてしまう。近所の人たちが、そのゴミを掻きだすから、雨があがると、道の脇にいくつものゴミの山ができてしまう。それがにおい、乾くと風に舞う。

さまざまなものが投げ込まれる水路や川はいつも悪臭を放っている。道はいつも渋滞で、クラクションが鳴り響き、三十度を超える暑さも手伝って、街を歩くのがつらい。

人は本当に多い。北海道の二倍ほどの土地に一億五千万人を超える人々がひしめいている。都市国家ではなく、ある程度の国土をもつ国で比べると、人口密度は世界一である。そんな人たちが出すゴミもまた膨大なのだ。

僕は小学校の運営にかかわっている関係で、南部のコックスバザールをよく訪ねる。ミャンマーの国境に近い街だ。その街の汚れ具合も首都のダッカと大差はない。

運営にかかわる小学校に、日本の大学生を連れていくことがときどきある。そのなかには、貧しい国でのボランティア経験が、就職に有利に働くと考えている学生もいる。彼らの目的は学校でのボランティアなのだが、ホームステイ先から学校までの五分ほどの道を歩くと、皆がこのゴミの多さに戸惑ってしまう。ボランティアそっちのけで、ゴミ対策を口にする学生まで出てくる。

しかしこの街を、僕は桃源郷だと思っている。自分にとって心地いい街に仕向けてきたようなところはあるが。

バングラデシュをはじめて訪ねたのは二十七歳のときだった。ヨーロッパからアフリカをまわり、しだいに日本に近づいていく長い旅だった。インドから陸路でバングラデシュに入国した。当時はインドもかなり汚かったから、免疫ができていたのか、バングラデシュの街のゴミはそれほど気にはならなかった。いやゴミがそれほど多くなかったようにも思う。その後、バングラデシュでは都市への人口集中が起きていく。ゴミは抜き差しならない問題に発展したのかもしれない。

二回目に訪ねたのはそれから十年ほどが経ったときだった。親しくしていた友人の死がきっかけだった。彼が拠点にしていたのがコックスバザールだった。彼はミャンマーとの国境地帯でマラリアに罹り、日本に帰る途中のダッカで発症してしまった。彼の奥さん、そしてお父さんを連れての遺体引きとりの旅だった。

ダッカの宿は、日本大使館の医務官が確保してくれていた。ダッカの最高級のホテルだった。日本大使館が用意してくれた車でホテルに入った。僕にあてがわれた部屋の大きな窓ガラス越しに、ぎっしりと家々が密集して建つダッカの街が見渡せた。

部屋にひとりでいると、窓ガラスの方から、コツッ、コツッという小さな音が聞こえてきた。水でも落ちているのかと、窓ガラスに近づくとハエだった。外にいるハエが窓ガラスにぶつかる音だった。あの頃、ダッカはとんでもなく不潔な街になっていたのかもしれない。窓にハエがぶつかる音を耳にしたのは、そのときが最初で最後だった。

小学校の運営にかかわるようになったのは彼の死がきっかけだった。友人たちを中心に、彼の足跡を残したいという意見が高まり、三百万円を超える寄付が集まった。僕はそれをもってコックスバザールに向かうことになる。街の人たちや彼が親しかった僧侶と相談し、ドイツの援助ですでにできあがっていた小学校の運営を引き受けることになった。

それまで僕は援助という世界にかかわったことがなかった。まったくの素人だった。

いまでも素人だと思っているが、学校の運営という事業を受けてしまったのは、僕が門外漢だったからのように思う。学校の運営は、援助のなかでもかなり大変な分野だった。サイクロンのときに避難するシェルターづくりや井戸の掘削といった事業は、完成すれば手から離れていく。しかし学校の運営は終わることがない。いつまでも資金を送り続けなくてはならない。その大変さがわかっていたら、引き受けなかった気がする。

しかし学校は動きだしてしまった。僕は年に二、三回といったペースでコックスバザールに向かうことになった。

それから三十年を超える年月がすぎた。いまでもなんとか学校は運営されている。しかしその間にあまりにいろいろなことがあり、それを丁寧に書き起こしていったら、十冊ぐらいの本になるのかもしれない。先生の給料を僕らが負担しているのだが、毎月、月末の支払日が近づいてくると胃が痛くなってくる。どうしてこんなことに頭を突っ込んでしまったのだろうと後悔する。

三十年の月日は、僕らの資金が乏しいということを、コックスバザールの人々に理解してもらう時間だった気がする。

世界のなかでも最貧国に数えられていたバングラデシュは、逆に見れば援助受け入れ大国でもあった。独立したとき、バングラデシュは宗教の自由を標榜してもいた。

たしかに人口の大半はイスラム教徒だが、ヒンドゥ教徒も少なくない。僕らの学校運営を現地でコントロールしているのは、ラカイン族という仏教徒だ。運営している小学校は仏教寺院の敷地内にある。寺子屋といってもいいのかもしれない。

しかし独立してしばらくすると、バングラデシュはイスラム教を国教に定めていく。

その裏事情をこういうバングラデシュ人もいる。

「中東、とくにサウジアラビアなどの産油国からの援助を受けやすくするために、イスラム教を国教にしたんですよ」

いまでも中東諸国から多額な援助がバングラデシュにもたらされている。

そんな国である。そして三十年前は、日本はまだ豊かな国だった。バングラデシュとの経済格差はかなりあった。校長先生が決まり、事務長、九人の先生が決まっていった。人選はラカイン人たちに任せたが、給料の提示は僕の役割だった。それを聞いた先生たちは耳を疑ったかもしれない。僕らが払える額は、街を走る自転車リキシャの運転手より少し高い程度だったのだ。

先生たちは高い給料を期待して、僕らが運営する小学校の先生に応募してきたことは痛いほどわかっていた。なにしろ運営に日本がかかわる学校なのだ。先生たちは提示された給料を目にして天を仰いだだろうが、ひとりも辞退しなかった。すぐに高い給料になると思っていたのかもしれない。

学校は開講した。仏教寺院の敷地内にあることから安全という親の思いもあったようだ。貧しい家庭からは授業料をもらわない方針も好意的に受け入れられた。先生たちも優秀だった。しだいに生徒は増え、百四十人を超えるまでになった。

しかし僕らは相変わらず、資金難に苦しんでいた。頼りは寄付しかない。死亡した知人の友人らで何回も集まった。どうしたら寄付が増えるか……知恵を絞った。

僕は寄付集めの中心的な役割だったが、メンバーからは厳しい意見も出る。

「バングラデシュ人はもっと自立しないといけないと思うんだ。そうしないとあの国はいつまでたっても変わらない。僕らの役割は、彼らに自立を促すことじゃないか」

正論だった。日本の援助団体も現地の人々の自立を標榜するところが多かった。僕もそれはわかっていた。

しかし現地に出向き、学校を運営するラカイン人や先生と話すのは僕なのだ。彼らも自立の道を探ることが大切であることは頭ではわかっていた。しかし僕が出向き、皆に集まってもらう席で、

「廊下の板が腐ってきて危険です」

などと平気で口にする。

「いったいどうしたらいいんだ」

結局、僕が銀行に向かい、キャッシングで修繕費用を賄うことが何回かあった。僕の自腹である。

自立を促すことの難しさは、現地の人々と直接話す立場では、いかに難しいことか……。僕は痛感していくことになる。

しかし愚痴をいっても援助資金は増えない。知人を頼って頭をさげつづける。行政からの助成金も何回か応募した。

現地の組織の問題もあった。コックスバザールの街で、曲がりなりにも百四十人を超える生徒が通い、九人の先生が教える学校は評価されていた。地元の新聞社から僕が取材を受けることもあった。学校はラカイン人のいくつかのグループの協力のなかで運営されていたが、そのグループ間には微妙な意識の違いがあった。

「コックスバザールの学校を充実させるより、田舎の小さな村の学校を支えるべきじゃないか。先生がいなくなった学校がいくつもあるんだよ」

「その費用はどうするんだい。まずはコックスバザールの学校を守らないと」

日本から潤沢な援助を送れれば解決する問題もあった。しかし僕らには資金がない。しだいにコックスバザールに行くことがつらくなってくる。行けば、資金の問題に晒されることがわかっていた。

しかし僕が諦めれば、学校は消滅してしまう。現地の国会議員にも会った。校長先生の発案で入場料をとるプロジェクトもはじめた。というのも、学校がある仏教寺院やそこからつづく丘には白いパゴダがあり、コックスバザールにやってくる人々の観光地になっていたのだ。僕が日本でチケットを印刷し、現地の人たちが竹づくりのチケットオフィスをつくった。はじめは順調だったが、行政側からクレームがついた。入場券をとるためには許可が必要だといわれた。それから役所への日参の日々。そのうちにラマダンというイスラム教徒の断食月に入ってしまった。日が出ている間は、食べ物はもちろん、水を飲むこともできない。こうなると役所はほとんど機能しなくなってしまう。かけあっても役人は動こうともしない。

入場券事業を行うラカイン人にも不安が広がっていた。彼らは少数民族である。政府との関係には神経を使わなくてはいけなかった。

そのなかで入場券事業は立ち消えていってしまう。

次に考えたのは、オートリキシャ事業だった。学校の運営も二十年がすぎ、日本で援助をしてくれる人たちも年をとっていく。退職組のなかには寄付が難しくなる人もいた。同時にバングラデシュが徐々に高度経済成長の時代に入り、通貨であるタカの価値があがり、インフレも進むことになる。日本経済は勢いを失っていたから、寄付額が目減りしていってしまう。そこでこれが最後だと、関係者をまわって資金を集め、オートリキシャを二台買った。インフレが進めば、オートリキシャの運賃もあがる。円のレートに振りまわされることもない。

この事業ははじめの一年はうまくいった。しかしあたり前の話なのだが、オートリキシャは古くなり、頻繁に故障を起こすようになる。その修理代が売りあげを上まわるほどになってしまった。

学校の先生たち、そしてコックスバザールの人たちは、僕のそんな姿を見つづけていた。相変わらず僕らの資金は乏しく、先生たちに払う給料は満足なものではない。先生たちはミーティングのたびに、給料をあげてほしいと口にする。バングラデシュの物価はあがり、先生たちの生活も楽ではない。

先生たちは学校がスタートしてしばらくすると、皆、アルバイトをはじめた。夕方、自宅で塾をはじめたり、学校が終わった後、NGOが経営する店の店員になる人もいた。学校の給料で生活できればいいのだが、僕らには力がなかった。

そうこうしているうちに、新型コロナウイルスの感染が広まってしまう。政府の指示で学校は休校になった。その期間は二年以上になった。

学校は、ある程度余裕のある家庭からは授業料をもらっていた。額は少なかったが、その収入を、僕らが送る資金に上乗せして給料を払っていた。しかしその授業料分すらなくなってしまった。僕もコックスバザールに行くことが難しくなった。

それでもなんとか送金はつづけた。相変わらず満足な額ではなかったが。ウイルスの嵐がようやく下火になり、僕はコックスバザールに向かった。学校は再開された。

しかしそこで新たな問題に直面する。生徒が学校に戻ってこないのだ。

僕らが運営する小学校の生徒は、貧しい家庭の子供が多い。学校が休校の間、子供たちは家の仕事を手伝うようになった。その状態が二年以上もつづくと、学校へ行かずに家の手伝いをするというスタイルが定着してしまう。親たちは満足な教育を受けていない人も多く、学校で勉強する意味を軽視しがちだった。

先生たちは子供たちの家に出向き、子供を学校に行かせるように伝えはじめた。僕も手伝った。

不思議なことだが、この三十年間、先生はひとりも代わっていない。皆で会うたびに、給料をあげてほしいと口にするが、仕事をつづけてくれている。

僕と先生たちの間には、妙な信頼関係が生まれてもいた。資金難で苦労ばかりの年月だったが、僕のなかでは、最後に助けてくれるのは先生たちかもしれないというおぼろげな思いも生まれていた。それは淡い期待なのかもしれないが。

その世界に入り込むと、僕は妙に落ち着く。僕らの力のなさが生んだ桃源郷なのかもしれないと思う。桃源郷とはそういう人間関係のなかでつくられていくものかもしれない……そんなことも考える。

僕はコックスバザールに滞在するとき、いつも泊めてもらう家がある。そこにあるひとつの椅子を僕は気に入っている。この家にはじめて滞在したときに、この椅子に主人であるおじいさんがいつも座っていた。おじいさんは二十年以上前に亡くなり、座る人もいなくなった。僕は勝手にラカインチェアーと呼んでいる。

僕がこの椅子を気に入っていることを泊まる家の人たちは知っている。行くたびに僕が使わせてもらう部屋に置いてくれる。

僕はその椅子に座り、甘いミルクティーを飲む時間が好きだ。

先生たちやこの街の人たちが、僕をどう思っているのかは、はっきりわからない。しかし彼らは僕の居場所をつくってくれる。

コックスバザールはアジアの仏教圏の最西端の街だ。ここで仏教、イスラム教、そしてヒンドゥー教がぶつかり、混じりあっている。その街を眺めながら、ラカインチェアーに座る。いつもどうやって先生に送る資金を増やそうかと考えている。

ミャンマー風のラカイン人の家

あとがき

本書は大和証券が発行する『ひらめきパズル』という雑誌に連載をつづけている「旅する桃源郷」をベースにしている。通常なら初出とするところだが、連載は六百字ほどの短いもので、本にまとめるにあたり、それを大幅というより、ぼぼゼロから書きおろしたものが本書である。

毎回、僕にとっての桃源郷を選び、写真と一緒に掲載する。桃源郷のエッセンスは連載のなかに書き込んでいるが、本にまとめる際には、なぜ、その街が僕にとって桃源郷に映るのかを書き込むことを心がけた。そんな文章を綴っているうちに、僕の旅がちな人生を描くことになってしまった。僕はさまざまな目的で旅に出てきたが、詰まるところは、どこかで僕の桃源郷を探していたようだ。

この本が出る頃、僕は六十九歳になっている。旅を本に書くようになってから、三十年以上の歳月が流れた。いったいいつまで旅の本を書くのかということも決めずに走りはじめた人生である。若いような気がしているが、間もなく七十歳だという事実を突きつけられると、やはり考え込んでしまう。体は年相応にガタがきている。これまでのような旅がいつまでできるかはわからない。足腰はさらに弱っていくだろうし、長距離バスも難しくなるかもしれない。

そんなとき、僕はどこへ行くだろうかと考えたとき、きっと、本書で紹介した街のどこかでぼんやりしている気がする。紹介した街には知り合いも多い。彼らが僕を支えてくれるかもしれない……という淡い期待もある。いや、彼らも年をとってきたから、それも難しいのだろうか。

しかし弱った足腰をいたわりながら、僕の桃源郷に向かうだろう。それが僕の人生の落とし所のようにも思えてくる。

桃源郷を書くということはそういうことだったのか。いま、そんな思いにとらわれている。

出版にあたり、産業編集センター編集部の佐々木勇志氏のお世話になった。

二〇二三年六月　下川裕治

下川裕治（しもかわ・ゆうじ）

1954年（昭和29）長野県生まれ。ノンフィクション、旅行作家。慶応義塾大学卒業後、新聞社勤務を経てフリーに。『12万円で世界を歩く』（朝日新聞社）でデビューし、以後、アジアを主なフィールドにバックパッカースタイルで旅を続け、次々と著作を発表している。『週末ちょっとディープな台湾旅』『週末ちょっとディープなタイ旅』（朝日新聞出版）、『旅がグンと楽になる7つの極意』（産業編集センター）、『東南アジア全鉄道制覇の旅』（双葉文庫）『沖縄の離島 路線バスの旅』（双葉社）など著書多数。

わたしの旅ブックス

046

旅する桃源郷

2023年7月18日第1刷発行

著者――――下川裕治

デザイン――――松田行正＋杉本聖士（マツダオフィス）

地図作成――――山本祥子（産業編集センター）

編集――――佐々木勇志（産業編集センター）

発行所――――株式会社産業編集センター
〒112-0011
東京都文京区千石4-39-17
TEL 03-5395-6133　FAX 03-5395-5320
https://www.shc.co.jp/book

印刷・製本――――株式会社シナノパブリッシングプレス

ISBN978-4-86311-370-1 C0026